乡村观察

辛宝英 著

中国社会科学出版社

图书在版编目（CIP）数据

乡村观察/辛宝英著 . —北京：中国社会科学出版社，2023.1
ISBN 978-7-5227-1555-1

Ⅰ.①乡…　Ⅱ.①辛…　Ⅲ.①农村—社会主义建设—调查报告—中国　Ⅳ.①F320.3

中国国家版本馆 CIP 数据核字（2023）第 040882 号

出 版 人	赵剑英	
责任编辑	王　衡	
责任校对	王　森	
责任印制	王　超	

出　　版	中国社会科学出版社
社　　址	北京鼓楼西大街甲 158 号
邮　　编	100720
网　　址	http://www.csspw.cn
发 行 部	010-84083685
门 市 部	010-84029450
经　　销	新华书店及其他书店
印　　刷	北京明恒达印务有限公司
装　　订	廊坊市广阳区广增装订厂
版　　次	2023 年 1 月第 1 版
印　　次	2023 年 1 月第 1 次印刷
开　　本	650×960　1/16
印　　张	17
字　　数	223 千字
定　　价	89.00 元

凡购买中国社会科学出版社图书，如有质量问题请与本社营销中心联系调换
电话：010-84083683
版权所有　侵权必究

序 / 乡土：回望与观察

耿介耳

反观乡土，是归去来兮的回望。而直面乡土，则是沉实的观察。省察之间，必然投注了深长的思索，凝合了蕴藉的文化气象，汇聚了挥之不去的时代烟云。当第一次听辛宝英教授说要写一部《乡村观察》的时候，我的第一反应是：这应是一本新乡土的写真集，是一个大时代的脚注。

回眸与观察，是思想的两个向度。在《乡村观察》中的体现，便是历史意识和现实观照。

人类是大地之子，是土生的一粒籽。土地之于人，是生命的本原体、精神的原意识。土地是人类的舞台，和平与战争，富庶与饥饿，政治与经济，文化与生民，万古往来，悉数基于这个平台。

中国人深沉挚爱着这个大地。"土生万物"（《说文解字》）"百谷

 乡村观察

草木丽乎土"(《周易·离·象辞》)"以万物自生焉,则言土;土,吐也"(郑玄注《周礼·地官·大司徒》),先哲如此深情地阐释"土",可以感受土地在中国文化中,何以那么深刻地影响着我们的世界观、生活观和认知方式。土以生民,民以务农,农以立国的乡土循环,持久地萦绕着几千年的中国社会。直到近代中西文化激荡,有了另一种文化参照的国人,才开始真正转换视域,由直面土地,变为反观、反思土地、农耕、乡村、乡土及其相关的种种。

20世纪中国的乡村观察,回应的是社会,映带的是文化,是中西文化的观念认同和价值取向的显现。

百年间,中西文化辉映下的中国农村建设与乡土文化探求,形成了两个代表性的时期。其一,20世纪20—40年代近现代转换期的乡村建设运动和乡土文化研究;其二,80年代改革开放至21世纪持续实施的中国"三农"建设与乡村振兴战略。两个时期乡土文化反思的基点,都源于中国现代化的转型。所不同在于,前者是民族救亡背景下的外向回应,后者则是发展历程中的内生驱动。

在寻求和探索中国现代化的历程中,近现代转换初期知识分子的整体性社会反思,其中的一个话语热点,便是对中国乡土社会的重新审视。在五四新文化运动的救亡启蒙语系中,乡土社会的批判和重构,最先是以文学界的系统性反思引发的。鲁迅、茅盾、周作人等以文学的观察,建构了深具思想史价值的"乡土文学"系统,回应在急遽变动中的中国社会的转型预期。社会体制的变革带来的思想变迁,使该时期的乡土文学观察,通过现象描述表达了乡村社会的转型焦虑。这与继之而起的20世纪二三十年代的乡村建设运动,构成了中国农村现代进程史上最初的文化与实践、学术与思想的多重变奏,协同谱写并试图完成中国社会现代化的宏大乐章。

面对令人惊异的西方工业文明,乡土反思与乡村建设,就是一个

传统农业社会应激作出的历史性的文化行动。农村，曾是中国社会长久的基础、主体与支撑点，保持着与国体持续而稳定的同频共振，可谓两千年未变。当国运与国体频频遭遇异质文化冲撞，甚而崩解裂变的时刻，既有的农业文化及其一切附属的价值、意义和思想方式，被中国本土知识分子精英质疑与反思，随即寻求新的农村现代化和社会现代化的诉求，便是文化更新的必然逻辑。晏阳初、梁漱溟和随后的费孝通，就成为这个时代背景下乡村建设与乡土观察的历史性代表人物。

面对中西两种文化的选择与调和，近现代之际的中国人特别是精于思想的知识精英，不管其所持观念是本土本位还是西化本位，但他们的着力方向是一致的，即如何完成社会转型，完成一场以建设新中国为目标的社会系统重置。所以以西化方式切入乡村改革的晏阳初，和以本土本位文化再造乡村社会的梁漱溟，所施行的路径虽大不同，但在他们的瞻望中，中国都应在立足于渊源农耕社会基础上实现新的现代性转换。

晏阳初的平民教育理念，逐步扩展为以"民族再造"为归属的乡村建设实践。他以对症下药的教育救治方案，一一切入中国的农民问题，以"学校式、社会式、家庭式"三联并举，四教齐攻，解决他所意识到的农民"愚、贫、弱、私"四大病，提出"以文艺教育攻愚，以生计教育治穷，以卫生教育扶弱，以公民教育克私"的农村改造方案。晏阳初以西学的框架和实务化的策略，置入中国农村的改革与建设，形成了典型的"定县模式"。

梁漱溟的思想业经东西方文化的研究体认，由西而中，由外而内，他终生秉持"心期填海力移山"的大担当，以儒家的意志，求得安身立命。他投身乡村建设并开启邹平实验，探索由"村治"而"乡治"，着力点是以儒学传统重建中国乡村的社会组织，完成整体性乡村的"文化再造"。他与晏阳初的实务改造不同,他倾力于用中国文化的本土重构,唤醒"农民自觉"。在乱象丛生的特定历史时期,此举难免有迂阔之讥,但今之视昔,尤其需要关注的是,梁漱溟所施行的乡村建设,是基于整体中国社会的建设而非仅限于乡村,它是以乡村切入的建国运动,充溢着传统士人克己奉天下的宏大志愿。

有论者喜欢将20世纪的乡建运动以失败告终为结论,我想这自然是漠视了中国乡村建设与发展的内在逻辑。梁漱溟与晏阳初代表的20世纪中国乡建探索,所涉及或未解决的关于乡村的文化教育与文化复兴、农民的自我组织与管理、乡村合作事业与乡村工业建设种种,这些貌似陈旧的资源不但依旧散发其特有的思想魅力,层累着中国乡村实践的精神谱系,并且必然地成为当代乡村观察的历史回望点。

据我的了解,这也是辛宝英教授念兹在兹的乡村观察的史学基点。

中西文化相互激荡,本土革新再造的理性诉求与实践驱使,一方面消解着传统农业社会中那些冗赘与不适的内容;另一方面也在以新的观察视域考量中国乡土社会。承续乡建社会实践运动,20世纪40年代,中国学术界出现了以人类学和社会学方法研究传统中国的巨作《江村经济》和《乡土中国》。费孝通基于西学的认知方式和学理逻辑,以他特有的语言风格,构筑了中国化的乡村社会学结构。重要的是,他源于田野调查基础的本土文化研究,体小而容大,简明而深刻,奠定了民族性本土学理范畴。

乡土中国研究给予我们的启示,不仅仅是阐论的凝练和高妙,更在于他既能够移位反观,以他者的视线观察自我,又能够距离感知,以陌生化的方式在熟识物中获取新知。他凭借西方人类学与社会学方法,观察度量现实的中国乡村社会,考索记录大量本土无由表述的文化现象,并以西学范畴予以架构界定,形成全新的本土话语方式。同时他有意识地抽离自己,以虚拟的外来人观察这个"熟人社会"。

人们习惯于"熟视无睹",却能在新环境下激发新思想。正如成长于传统文化氛围中的费孝通,一旦侧身回望本土,拉开距离观察此前熟识的一切,竟豁然而有诸多新的信息和发现。中国本土文化的现代境遇问题,是费孝通的师辈潘光旦、吴文藻等一批知识人所共同关注的,梁漱溟的乡村建设中也曾深切地思索中国基层传统社会的组织架构和人情关系等,费孝通的独到之处在于从传统形态和世界格局之间寻找到新的观照点,于是文化个案与整体、传统现状与趋向便在比较中显现,在对话中结合,在反思中自觉。

费孝通的"差序格局""熟人社会""礼治秩序""教化权力""文字下乡",让本土文化的自我认知越加清晰,这是他带给我们的在比较中的文化自觉。他的观察方式,一方面贡献了国人,另一方面贡献了世界。在晚年,他的世界格局意识和文化变迁意识仍然促动他的思想。他说:"中西文化碰了头,中西文化的比较,就一直是中国知识分子关注的问题,他们围绕着中华民族的命运和中国的社会变迁,争论不休,可以说至今还在继续中。……切实做到把中国文化里面好的东西提炼出来,应用到现实中去,在和西方保持接触,进行交流的过程中,把我们文化中好的东西讲清楚,使其变成世界性的东西,首先是本土化,然后是全球化。"[①]

依循这样的学术史认知,辛宝英教授的乡村观察,就是以费孝通的乡土中国的现代性建构理念,作为新乡土文化和乡村振兴研究中一个重要的学术回望点。

20世纪80年代改革开放之初,中国农村的产业自觉,带动的是学术界对农业农村的本体发展研究。随着社会经济范式的转换,市场

[①] 《费孝通九十新语》,重庆出版社2005年版。

乡村观察

经济体制逐步改变并塑造着新型城乡关系。尤其是 21 世纪前 20 年，非农产业经济整体性跨越式发展，带动中国城镇化水平的持续提高，反衬出农业农村的边缘化形态。仿佛当灯红酒绿的城市森林，迎来又一个明丽清晨的时候，我们放眼望去，突然发现魂牵梦绕的故土乡关不见了。田园将芜，胡不归？

《乡村观察》中有一段描述，名《无农的村落》：

> 城镇化的快速推进和大量农民进城务工，导致了农地非农化和农地抛荒。因此中国农村就出现了很多有农无地（有农民无土地）与有地无农（有土地无农民）的村落，这两种村落我在这儿暂称之为"无农的村落"。
>
> （当询问村里人居情况时，访谈对象王阿姨）
>
> 王阿姨：这个啊，等天黑以后我带着你在社区里转一圈你就知道了嘛，亮着灯的就是有人住，没亮灯的就是没人。我觉得亮灯的不足三分之一吧，稀稀拉拉的，就这也很多是外地人租房子的。

尚存乡村记忆的我，在这样平实的文字里，心猛地一下被击打，意识到：有灯的村庄，炊烟中的乡土，真的渐行渐远了吗？

20 世纪前 40 年的乡村建设与乡土文化研究，是随着国运的图存救亡而开启的，是强势西化文化辐射下由外而内的应对。晏阳初、梁漱溟、费孝通等无不是因应了异质文化的激发而各取实务与学术的应对策略。不同的是，近 40 年来中国农业、农村和农民问题的关注和研究，特别是乡村振兴战略的实施，都是在国力飞跃发展基础上新乡土文化的自觉，是由内而外的理性回应。这个回应，是基于百年中国乡村发展，更是基于 40 年来文化融会、产业腾飞、城乡重塑等内生

序　乡土：回望与观察

性问题的战略应答。

新的城乡关系背后，是一个波诡云谲的社会文化长卷，产业态、精神态、众生态，从个人到社会，从婚姻到家庭，流动的新城乡，重建的新乡土，都存有无量的新影像、新观念，欣喜和离愁之间，向往与失落之间，言语无法穷尽，笔墨无以尽录。但是，保有敏锐的学术直觉力的辛宝英教授，持续多年，不捐繁杂，倾力所作的正是这项对于新时代乡村的观察与研究。

新乡土的眷恋，常常形于文本上的"乡愁"。而浅淡的乡愁，又常常只是衣锦还乡者虚荣和漂浮的寄托。作为新乡土的观察者，辛宝英教授绝少矫饰，她是乡土文化温情的批判者，也是新型乡村赤诚的建设者。因为抱有对新乡村建设的热切，她并不掩饰对乡土痼疾的冷眼。这也是她生活中真实的个性。

《乡村观察》是新乡土的田野调查，她以齐鲁大地为采集样本，扫描这块深厚农业文明中成长的现代乡村群，拓印真实的发展痕迹，记录乡民的精神生态，展现特定时空下的乡村意境，还原正在进行的社会变迁和每一个个体生命的心灵互映。温暖的现场感，记录的是明天的历史文献。

她写城市化带来的变化，一气呵成的文字里，让人分明体察遽然变动中的乡村，想抓住又倏忽失掉了。

城市化是人类经济社会发展的基本趋势。改革开放与城镇化的推进进程中，大量农村人口离开农村，进入城市，进而实现市民化的角色转型。在这个过程中我们有非常多美丽的村庄已经消失了，还有更多的村庄正在消失中，家乡的山水变了，家乡的田园变了，家乡的风景变了，家乡的生存方式变了，家乡的邻居变了，家乡的交际变了，家乡的礼仪变了，家乡的风俗变了，家乡

7

乡村观察

的信仰变了，家乡的节日氛围变了，家乡人的追求变了，家乡的文化变了，离乡人的情感变了，从前那些实实在在的关于故乡的感受，现在越来越变成一种无处寄托也无处倾诉的情绪。

我想到费孝通先生曾有的一句感慨：

> 时代变了，时代对我们的要求也变了。这个变化一直从农村基础上变出来的。我们的农村调查必须抓住这一个出发点，从变字上做文章。①

也同时念到《乡村观察》中的这句话，教我浩叹复憧憬。

凡是过往，皆为序章。未来，期待更美好的中国乡村。

2022 年 6 月 22 日于荆山房

---

① 费孝通：《社会调查自白》，湖南人民出版社 2022 年版。

目　录

导言　观察新乡村　　　　　　1

婚姻家庭　　　　　　　　　15
　　昂贵的婚姻　　　　　　17
　　与父母分家　　　　　　26
　　女人说了算？　　　　　32
　　逃婚与离婚　　　　　　45
　　赡养与孝道　　　　　　55

乡村社会　　　　　　　　　63
　　面子大于天　　　　　　65
　　人情不好还　　　　　　72
　　纠纷咋解决　　　　　　80
　　年节与磕头　　　　　　87
　　宗祠与祭祀　　　　　　94

村里的光棍　　104
　　乡贤来治村　　112

流动之殇　　125
　　爸爸在远方　　127
　　老年人种田　　141
　　养老的出路　　149
　　无农的村落　　162
　　乡村的变迁　　173

乡村振兴　　189
　　乡村独特的功能　　191
　　乡村发展的困境　　211
　　乡村振兴的路径　　218
　　乡村振兴的策略　　233

参考文献　　254

后　记　　257

导言 观察新乡村

Village
Observation

2018年冬末春初的一天，我来到我小时候曾经居住过的村庄，我感叹它的变化，变化得我简直认不出了。在这个大变革的时代，如同中国千千万万个村庄一样，除了老人、妇女和孩童，村子里就再也见不到其他人了。

20世纪40年代，费孝通先生研究《乡土中国》时，中国乡村基本上是一个经济上自给自足的乡村。整体来看，当时的中国也确实是乡土的。乡下人离不了泥土，因为在乡下住，种地是最普遍的谋生手段，乡村里的人口似乎是附着在土地上的，一代一代地下去，不太有变动。安土重迁，以农为主，世代定居。迁移是非常态，是特殊时期被逼无奈的事情。以家庭为基本生产单位的小农经济、孤立和隔膜的聚居村落以及熟人社会的特征。在这种环境中生活的人们，对于周遭的一切都是熟悉的，但这种熟悉是对具体的人和物的熟悉，还没有抽象出普遍的原则，或者化为一种可以传递的普遍知识。

当前的中国乡村已然不再是费老笔下的乡土中国，中国乡村正在发生剧烈的变迁。全球化背景下，在工业化、城镇化和信息化的推进过程中，中国发生了历史上前无古人的大变迁、大移民、大流动。乡土中国的中国人也就是乡下人，慢慢地从"土"里拔出来，抖抖身上的泥土，向城市进军。他们和土地的关系从根本上发生了变化，种地不再是他们最普遍的谋生办法，进城打工才是家庭的主要经济来源。这些从土里拔出来的人，各自营生，走向四面八方，散落在天涯海角，从熟悉的社会走向了陌生的社会。农村社区的"熟悉"也在向"陌生"转型。社会的流动，使血缘让位于地缘；熟悉让位给"陌生"；"古道热肠"让位给"冷漠"。然而那些更内核的东西，比如民风民俗、人们的观念、交往方式、社会结构，似乎又没有相应地发生变化。"乡土"社会已成了远去的历史，但还有着一个影影绰绰的尾巴。这个尾巴，一时半会儿还会存在。

  1949年中华人民共和国成立后,百业待兴、社会贫困,中国共产党人通过建立初级合作社、高级合作社和人民公社,基本实现了社会主义改造,完成了农民个体所有制向集体所有制的转变,但由于中国社会主义处在探索阶段,加之受制于当时国内外多种环境因素的影响,中国依然极度贫困,这种状况一直持续到20世纪70年代后期。党的十一届三中全会顺应历史潮流,拉开了旨在解放发展生产力的序幕,会议决定把全党工作重点转移到社会主义现代化建设上来,并率先从传统计划经济体制发育最薄弱但却人口众多的农村发动,从农业经济体制改革着手。[1]

  从改革开放新纪元的1978年到现在,农业农村发展取得了历史性成就,经历了1978—1988年乡镇企业崛起、乡村经济的初步振兴,1988—1998年乡村治理的改进探索,1998—2005年中国特色社会主义新农村建设,2005—2012年社会主义新农村建设和2012年至今走中国特色社会主义乡村振兴道路五个重要阶段。[2]

  邓小平提出并解释了"农业现代化"的路径就是通过"两次飞跃",从家庭联产承包责任制带来的生产力改进基础上,有步骤地推动适度规模经营,促进农村分工分业和集体经济发展。将乡镇企业作为集体经济的典型形式给予扶持,使之成为工农互助、城乡协调的纽带,渐进统筹城乡关系,不断增加农民的收入,最终实现共同富裕。

  1984年国务院颁布《关于农民进入集镇落户问题的通知》允许具备条件的务工经商农民落户城镇,由此农民开始大规模和跨区域的人口流动,形成了20世纪90年代的"民工潮"。

---

[1] 高静、王志章:《改革开放40年:中国乡村文化的变迁逻辑、振兴路径与制度构建》,《农业经济问题》2019年第3期。
[2] 王丰:《改革开放40年乡村发展的历程与经验启示》,《贵州财经大学学报》2018年第5期。

导言 观察新乡村

1978—1988年,农村社会总产值中工业、商业、建筑、运输、服务等非农产值占比由31.4%上升为53.5%。一大批小集镇建立起来,农民由占全国总人口的82%下降到48.7%,从事农业的劳动力占全国劳动力总数中的比例由70.7%下降为59.5%。农民收入不断增加,人均收入由133元增长到545元,增长了3.1倍。[1] 农村改革取得突破性进展,中国开始将改革的重心逐渐转向城市经济体制改革,乡村发展转到重在探索产业化经营和基层治理的阶段。党和国家推出了一系列的举措,这些举措有效遏制了乡村基层组织不断涣散的局面,一定程度上提升了乡村的治理能力。

经济的高速发展大力推动了城镇化建设。从20世纪80年代开始,中国农村经历了历史上最大规模的"人口迁移"。农民大规模进城,乡村剩余劳动力人口在理性选择下不断向城市集聚。总体上看,从1978年到2017年,中国实现了6.41亿人的城镇化,常住人口城镇化率从17.92%提高到58.52%,平均每年新增城镇人口1644万人,城镇化率年均提高1.04个百分点。[2] 2019年有2.9亿的农民从农村流向城市打工,[3] 外出打工成了大多数农民理所当然的生活方式。

城镇化快速推进的过程中,中国的乡土社会正在被遗弃和荒芜。大量农村人口转移到了城镇就业和生活,村庄里只有留守老人、妇女和孩子。农村人口老龄化、村庄"空心化"、"三留守"等问题日益严重。据农户调查研究,中国乡村60岁及以上人口所占比重2005年为13.7%,而到了2016年已上升为19.1%,农业经营人员主要以50岁以上人员构成,比重高达75.4%。农村大量住宅长期闲置、宅基地

---

[1] 王丰、蒋永穆:《马克思主义农业现代化思想演进论》,中国农业出版社2015年版。
[2] 魏后凯等:《中国农村发展报告——新时代乡村全面振兴之路》,中国社会科学出版社2018年版。
[3] 国家统计局:《2019年农民工监测调查报告》,国家统计局网站(http://www.stats.gov.cn/tjsj/zxfb/202004/t20200430_1742724.html)。

乡村观察

浪费严重。同时,由于户籍因素的影响,在城镇化进程中外出打工的农民工以男性为主,比重高达68.7%,大量老人、妇女、儿童留守农村,形成了农村"三留守"问题。

中国传统文化所描绘的理想家庭通常是至少"三代同堂"(由男性家长和他的妻子、儿子、儿媳以及孙祖辈)的大家庭。人口的大规模迁移使农村家庭面临前所未有的危机,留守农村的老人和孩子照料问题成了摆在面前的难题,中国家庭历史悠久的照料老幼的角色受到了前所未有的挑战。与此同时,农村传统家庭中重男轻女的父权制也受到冲击。传统家庭中,因为男孩肩负着给父母养老送终的责任,所以相对于女儿,儿子会在教育、居住、土地等方面得到更多的投资,而女儿作为出嫁后必须搬去婆家从夫居住的"外人"角色,是家中不能依靠和指望的临时成员,地位十分低下。正如蔡玉萍和彭铟旎所说的:"汉字中'嫁'的结构是女在家之外,这并非什么造字的巧合。"① 尽管独生子女政策的出台,使女儿也因此肩负了给父母养老的责任,女儿在家庭中的地位慢慢提高,贬低女性地位的文化机制开始改变。但是,城乡大规模人口的迁移,才是改变女性从夫居住实践背后的最重要机制之一。很显然,城乡的迁移降低了父母对夫妻一起外出打工的成年子女的控制,提高了外出打工的女性婚后不从夫居住和不独揽家务的议价能力。男主外女主内是中国的传统文化,城乡的迁移使这一传统得以改变。对迁移夫妻和迁移家庭来说,因无法充分享受所在城市居民的公共服务,经济的压力要求夫妻双方必须同时工作,由此导致了夫妻双方重新来商讨家庭的角色和义务,从而确保了丈夫和妻子共同兼顾家庭和工作的责任。

人口的城乡迁移不仅使摆脱了土地束缚的村民与他们的祖祖辈辈

---

① 蔡玉萍、彭铟旎:《男性的妥协——中国的城乡迁移、家庭和性别》,生活·读书·新知三联书店2019年版。

导言 观察新乡村

形成了质的差异,村庄也因此呈现出生活面向的城市化、人际关系的理性化、社会关联的"非共同体化"、村庄公共权威的衰弱化等趋势。乡村社会正被迫或者带着少许自发性地向现代社会迈进。①

2006年延续数千年的农业税被取消,这不仅改变了中央向农民伸手的体制,极大地改善了国家与农民的关系,而且也引发了农村社会的巨大变化。

乡村的巨变不仅表现在乡村发展的外在形态上,更体现在乡村文化尤其是乡村道德文化的变迁之中。乡村传统的体制机制在工业化、城镇化、信息化的过程中一次次嬗变,随着大量青壮年涌入城市,乡村空间结构与社会结构发生重大变化,乡村文化的价值取向变得多元,由礼俗礼节、乡贤尊孝、农耕技艺等基因构成的乡村文化在外来文化的冲击下呈碎片化瓦解,许多地方出现乡村凋落、乡土文化凋敝的窘境。②

70年间,中国已生惊世之变。在新中国成立后的农村改革实践中,中国农业生产、农民生活、农村面貌和乡村文化发生了巨大变化。中国用不到世界7.5%的耕地,养活了将近19%的人口,长达40年的农村贫困人口大规模持续减贫,农村公共服务从无到有、从少到多,缩减了公共服务城乡二元差距,推进了城乡公共服务均等化,农民收入持续增长,农民生活质量全面提高。随着40年来大规模的农村劳动力向城镇转移,中国城镇化快速发展,从"两权分离"到"三权分置"的中国特色农村土地制度为促进现代农业发展,提高农业效益和竞争力提供了坚实的制度保障。但进入新时代以后,农业农村发展滞后成为中国发展不平衡不充分最突出的表现。城乡收入差距

---

① 董磊明等:《结构混乱与迎法下乡——河南宋村法律实践的解读》,《中国社会科学》2008年第5期。
② 孙春晨:《改革开放40年乡村道德生活的变迁》,《中州学刊》2018年第11期。

日益扩大、农村公共服务总量不足、乡村治理体系不完善、城乡二元结构矛盾突出，城乡融合的体制机制不畅通，农业现代化进程相对滞后。在此背景下，党的十九大做出实施乡村振兴战略的重大决策部署，提出建立健全城乡融合发展体制机制和政策体系，实现"农业农村现代化"和"产业兴旺、生态宜居、乡风文明、治理有效、生活富裕"的总目标和总要求。党的二十大报告指出，"全面推进乡村振兴……坚持农业农村优先发展，坚持城乡融合发展……加快建设农业强国，扎实推进乡村产业、人才、文化、生态、组织振兴"[①]。

乡村振兴，迫在眉睫、时不我待。

2017年山东新型城镇化研究所成立，主要开展城乡融合研究。2018年研究所成立"乡村观察"调研基地，举办每年一度的大学生暑期返乡调研活动。2020年山东新型城镇化研究所增挂乡村振兴研究中心，更加凝聚了乡村振兴研究方向。2018年以来，我本人也利用寒假与暑假时间长期驻村调研，以田野为基础开展乡村研究，企图通过冷静观察巨变中的乡村社会，来深入体悟"中国之治"。为了能真实记录转型期乡村的原本面貌，我和同学们没有通过官方组织，而是通过亲友关系网络深入村落。这种不带任何官方色彩的田野式访谈与调查，或许不能有效地解释乡村社会的真正理论，只期待能通过原貌展示巨变中的乡村社会，以便于能够仔细地思考农民想什么？农民要什么？乡村的问题是什么？乡村振兴的路径应该是什么！这是我写《乡村观察》的出发点。

[①] 习近平：《高举中国特色社会主义伟大旗帜　为全面建设社会主义现代化国家而团结奋斗——在中国共产党第二十次全国代表大会上的报告》，人民出版社2022年版，第30、31页。

导言 观察新乡村

作者调研（摄于乡村花园）

乡村观察

作者调研（感受丰收的快乐）

导言 观察新乡村

作者调研（摄于乡村书屋）

导言 观察新乡村

作者调研（与村民交流）

作者调研（问卷采集）

乡村观察

作者与受访老人合影留念

婚姻家庭

Village Observation

昂贵的婚姻

结婚,贵。城里人结婚贵。农村人结婚更贵。并且越来越贵。城里人结婚,需要买房、买车、办婚礼。农村人结婚,需要买房、买车、送彩礼、办婚礼,还得花时间走程序。

婚姻贵,也就是成本高。乡村社会婚姻过程中所付出的时间、情感、金钱、机会等一系列物质与精神的总和,我们可称为婚姻成本。媒人费用(明媒正娶)、彩礼(敲门砖)、婚礼费用(正式仪式)及婚房费用(新婚生活的必要条件)等为婚姻成本中的经济(金钱)成本。

在中国父系家族体系下,父母尤其是男方的父母有责任和义务为年轻夫妇提供经济资源来促成其成婚。[①] 在婚姻约定初步达成时,男方家庭要以向女方赠送聘金、聘礼的形式对女方家庭出让劳动力进行补偿。这种聘金、聘礼俗称"彩礼"。彩礼是女方衡量男方家庭经济

[①] Jiang, Quanbao, M. W. Feldman, and S. Li., "Marriage Squeeze, Never-married Proportion, and Mean Age at First Marriage in China", *Population Research and Policy Review*, 33 (2), 2014, pp. 189–204.

能力的标识,男方家庭能够支付的彩礼价格越高,意味着男方家庭的经济实力越强,越能保证婚后生活的质量,女方倾向于寻找支付高彩礼的男方,男方家庭则通过有能力支付高额彩礼而赚足"面子"。[①]除了经济意义,彩礼被当作一种婚姻行为规范,以当地婚姻文化模式的礼节性习俗而被农民接受。不仅是男方父母对于新婚家庭的一种支持和帮助,也承载着对新婚者的祝福和祝愿。

改革开放之初,中国人的婚姻成本基本就是结婚标配的四大件:自行车、手表、收音机和缝纫机。改革开放之后,由于物质生活的丰富以及社会经济形势的变动,加上近年来受奢侈攀比之风的影响,农村结婚彩礼习俗日渐变味,以彩礼为主的婚姻成本不断飙升,特别是近年来的"天价彩礼",成为农民家庭沉重的负担,并日渐成了引致农村社会一系列社会问题的根源。

2017年7月21日,坐标鲁南地区D镇Z村

今天在Z村调研,下午在Z姐家里聊天。Z姐是我学生的亲姐姐,聊得有点嗨,怎么聊到了彩礼这个话题我都不清楚。以下是Z姐的描述。

> 我们那会(彩礼)还没有太高的,现在可了不得,结婚结不起啊。
>
> 当时(2015年)我家里向男方就索要了13.8万元的彩礼钱,和三金(金手镯、金耳环、金戒指)。彩礼数字是为了图个吉利,希望未来的生活幸福美满;三金则有些像定情信物的意味,这个是都会给的。男方赠送女方聘礼三金,一则是给女方面

[①] 靳小怡、段朱清:《天价彩礼源何来:城镇化下的中国农村男性婚姻成本研究》,《妇女研究论丛》2019年第6期。

婚姻家庭

子，体现女方在男方家中的地位，二则是希望男女双方的感情能够像金子一样永固，象征男女双方能够永远在一起。

但是现在结婚彩礼不一样了，楼房、汽车及房内用品是不用说必须有的，彩礼直接用钱来折合，并且呈不断上涨之势。现在结个婚算下来合计怎么也得一百万元左右了。

说实话，我是不赞同这种高价彩礼的，儿子结婚就是要把父母的物质财富吸干，可以说是掏空家底也不够。不但要把所有存款全花上，还要还借款，替孩子还房贷。

农村嫁女儿要彩礼，我本身觉得是没有什么问题的，毕竟父母养育孩子那么久。现在把女儿嫁给你，帮你洗衣做饭做家务带孩子，还要上班挣钱，父母要彩礼通常时候是留给女儿的，只要在能接受的范围内就好。但是如果漫天要价的高彩礼，很容易会葬送了女儿的爱情和幸福。

我还是觉得以前结婚的方式更好，女方向男方要彩礼，无非是生活必需的几个大件，如自行车、缝纫机、手表。经济条件更好之后也只是摩托车、项链等能够承受得起的生活高档用品。

2019年8月22日，坐标鲁南地区D镇Z村

两年后又返Z村，继续聊彩礼问题，约谈对象是Z村的卫生室大夫H。H刚刚大学毕业，属于返乡创业的大学生。她是这样描述的：

我们村，我这个年龄的男女不上学的年纪一般在十四五岁、十五六岁时候，也就是初中未毕业或者刚毕业就不上学了。我初中毕业是在七年前2012年，我这一级学生初一、初二时是6个班，一共有300多人，初三的时候合成了4个班，大概还剩240个人，等到填报志愿时只有120个人了，因为只让100多个人考

乡村观察

试。在初中上一年初一,在初二时就会有很多学习差,跟不上课的学生,辍学去打工。进入高三后还有一个分流,俗称就是让学习不好的学生去上职业高中,不愿意上职业高中的也就辍学了。所以不上学的就留在了家里,男孩大多数都会出去打几年工,等到十八岁左右就会回家相亲,女孩有些人会出去打工,也有些人会在家里找一个轻松的活计。

很多女孩到了20岁就会去结婚了,绝大多数女孩的结婚对象都会比自己大。我一个表弟今年结婚,因为老婆是从外面带回来的,可能没有花太多钱;一个表妹也是今年结的婚,她结婚时的彩礼光订婚礼金就15万元;一个从小玩到大的伙伴,比我大一岁,有一个3岁的女儿,她也是在20岁时结的婚,她结婚时的订婚礼金是12万元。

现在人们的生活水平越来越好了,这几年我们这儿的结婚彩礼数目也是越来越高。

1999年我堂哥结婚,彩礼是6600元。2003年彩礼金额一般为1万—4万元,大家比较讲究的是万里挑一、四平八稳等寓意。2014年,彩礼金额普遍达到了6万—10万元。而到了2017年前后,就开始流行起两句话,分别是"万紫千红一片绿"和"三斤三两"。所谓万紫千红一片绿,就是50元现金钞票1万张,百元钞票1000张。万紫千红一片绿,也就是15万元。三斤三两,指的就是彩礼中百元现金的重量。这个重量的100元钞票,是在14万—20万元。直到现在(2019年),彩礼为24万—30万元。

有人说生男孩就像"建设银行",女孩是"招商银行",谁家要有几个女孩就什么都不用干了。以前重男轻女思想都想要男孩,说什么养儿能防老,现在看来还是女孩好啊!

婚姻家庭

2019 年 6 月底至 7 月初，坐标鲁南地区 Y 县 L 村

L 村的 XK 同学是我的学生，参加了 2019 年山东新型城镇化研究所组织的"乡村观察"大学生返乡调研活动。以下是他调研后口述的《鲁南乡村婚姻嫁事录》，通过郭姐的出嫁历程，展示了鲁南地区传统婚姻的区域特色，清楚反映了鲁南地区乡村婚姻的繁杂程序与高昂的费用以及出嫁家人和朋友的心理变化。

婚姻嫁娶是人生大事，也是两个家庭的大事，这件大事在鲁南乡村极具特色。我们通过邻居郭婶女儿从"会亲家"到婚事结束这个过程，一起看看鲁南乡村的婚嫁事有哪些特色。

说到鲁南乡村的婚嫁，不得不说一个重要人物——媒人，媒人是个神奇的人物，谁家有到适婚年龄的青年男女、谁家儿子（或女孩）想找个什么样的女孩（或男孩）……这不邻居郭婶女儿到了出嫁的年龄，就有媒人前来说媒，媒人找到几个门当户对的男孩来和郭婶女儿见面，男女双方简单交流，了解下对方家庭情况，经过一次见面看的就是两个人是否投缘，见完面后互相给个信儿，要是没感觉就算了，要是有感觉就继续相处，就在这样流水线似的相亲流程中，郭婶女儿很快找到了自己的如意郎君，既然郎有情妾有意，媒人能说会道的功夫就搬上了舞台，加速了两个人感情的进度，加快了两个人谈婚论嫁的步伐。

媒人真是个神奇的人物，简直是婚嫁事的加速剂。这不，在媒人的主持下双方进行了"会亲家"。"会亲家"是指男女双方及父母见面相互认识。中午郭婶一家整理着装后，到和男方预订的酒店见面。双方父母和媒人在一起吃饭共商订婚事宜。确定订婚时间后，男孩在约定的当日来到郭姐家中，接郭姐外出购物筹

备订婚物品。男孩为郭姐主要购买订婚服、三金（金戒指、金项链、金耳环），之后便是吃订婚饭。订婚后，过一段时间，男方便派媒人到郭姐家里"传启"。"传启"这一天的上午，媒人和男孩携带糖六斤、鲤鱼二条、米二袋、面二袋、烟二条、艾草一把、麸子一袋、盐一包来到郭姐家中，给郭婶十万元"传启"钱，媒人索要郭姐生辰八字以便找风水先生挑选吉日吉时。男孩中午回到家中宴请媒人和本家氏族，庆祝两人的喜事。

男方结婚吉日确定后要专门写在红纸上由媒人送到女方家，出嫁前女方家要为女孩出嫁准备嫁妆，邀请邻居一块帮忙缝制新被子、新褥子，出嫁前一周是郭婶家最忙碌的一段时间了，要购买各种嫁妆——冰箱、电视、空调、洗衣机、衣柜、茶几、灯、锅碗瓢盆等生活用品。然后挑选吉时送至婆婆家。婚礼前的一段时间，男方家也是很忙碌的，布置新房、购买结婚喜糖、请乐队、司仪、准备婚宴……

很快就到了结婚的日子。结婚前一天早晨，郭婶家专门请的宴席厨子到家中开始准备食材，请关系好的邻居朋友作为"支喜"帮忙布置环境、搭棚摆桌子、布置彩礼门头。在这里女方家还会请唢呐乐队，近中午唢呐乐队来到郭婶家，唢呐一声响即放一挂鞭炮，标志着婚嫁喜事正式开始。乡里朋情、本家氏族开始登门拜喜送喜礼，其中姑姑和舅舅喜礼为最重，郭姐的姑姑和舅舅每人喜礼2000元。吃过午饭后，唢呐声响的陪伴下本家和"支喜"到每个本家氏族的家中贴"禧"对联，每家贴完都放一挂鞭炮。傍晚新娘子的哥哥、嫂子、侄子和侄女准备点心六斤、鸡蛋五个、烟一条、面条一包、栗子一包、红枣一包、花生一包、红线一团、松枝一把，带上一对童男童女当喜童去男方家里"拾橱"，"拾橱"就是把准备的东西放在橱子柜子里，并用红线缠上。到达男方家里时，男方家族携带唢呐乐队出来迎接，待新娘娘家人"拾橱"完毕，男方给"拾橱"人员红包、糖果二袋和烟二盒并同唢呐乐队再出门相送。晚上女方家里宴请亲朋好友、乡里和本家氏族，唢呐乐队表演节目，同时放烟花庆祝，村干部亲情演唱，全家喜气洋洋，其乐融融。

结婚当日，新娘早起化妆，等待新郎的到来，天未亮新郎带来六辆宝马组成的车队、男方的唢呐乐队和录像团队，媒人同行，在村口处下车步行至新娘家。新郎到新娘家放上一挂鞭炮，郭婶家人连忙关大门和小门，这是要"堵门"，对新郎和伴郎的考验开始了，进大门需要叫"弟弟开门"，弟弟开门需要大红包，同时里面还有小孩子一起帮忙关门的，也是需要小红包。进了大门就是二门，二门则是需要解决伴娘们的挑战，喝完10瓶啤酒，三门是新娘的房门，新郎开始双膝跪岳父、岳母，改口爸、妈，岳父、岳母给新郎改口红包。进了房间需要找伴娘们藏起来的新娘鞋，新郎找到后需单膝跪在搓衣板上给新娘穿鞋，同时放上梳妆炮，礼花同鸣。新娘下床穿上父亲的鞋子开始出门，意思是不沾娘家土，不忘父母情，行至家院，新娘新郎和岳父、岳母以及本家氏族拍全家福。待新娘上车后，放鞭炮和礼花，男方唢呐乐队在前面开路，女方唢呐乐队在后面相送，同时郭婶本家亲戚一起相送至村口。待新郎上车后，新娘叔叔沿着车队行驶方向泼一桶水，意味着嫁出去的闺女，泼出去的水，从此新娘嫁到婆家，娘家的事情与女孩无关了，新娘父母在家含泪不舍。

在傍晚，新娘要"回门"，就是回娘家一次。新娘、新郎在傍晚回到娘家，"回门"有一习俗就是见到父母就不停地哭，附近的邻居前来劝导，"回门"需要在日落前回到婆家，所以新娘并没有在家停留太久，临行前父母不舍地拥抱着新娘，鲁南俗语说"闺女在家是根草,出嫁以后就是宝"。

从既有研究和调研来看,婚姻成本的飙升背后涉及的是农村"性别挤压"这样一个根本问题。在中国农村,由于适婚男性人口与适婚女性人口数量出现较大落差(男多女少),男女比例失衡,导致男性人口找不到配偶,而成为婚姻家庭的被碾压者和被排挤者,这就加大了男性在婚姻市场中的竞争力度。婚姻市场中的稀缺资源——农村适婚女性,成为农村男性争夺的对象。"女性赤字"成为女性要价的基础性要件。[1] 当女性要价和男性支付实现了合流,在村庄竞争性社会价值体系推动下,婚姻成本不断飙升,高额彩礼就此产生。[2]

王向阳先生说"相亲介绍"的婚恋模式往往与"高额彩礼"相伴而生,而以"自由恋爱"为主要婚姻缔结路径的婚恋模式往往仅需要极低的彩礼,甚至零彩礼。[3] 这就不难解释以"相亲介绍"为主要婚恋模式的鲁南农村地区为啥有这么高的婚姻成本了。因为是"相亲介绍",那么在本地婚姻市场中的婚姻竞争本质上就是家庭经济条件的竞争,这就导致父母会选择介入子代的婚姻大事当中,来承担子代的婚姻成本。父母对子代的婚姻有无限的责任,子代顺利成婚被认为是父代必须完成的"人生任务"。这样父代就会在子代尚小的时候就开始为子代婚姻做规划、做准备。等到子代成为劳动力,子代所创造的物质财富也归并为家庭财产,以便能够支付子代婚姻成本。这种举"全家之力"为子代婚姻担负成本的模式,能够使其适婚男性更可能

---

[1] 桂华、余练:《婚姻市场要价:理解农村婚姻交换现象的一个框架》,《青年研究》2010年第3期。

[2] 李永萍:《北方农村高额彩礼的动力机制——基于"婚姻市场"的实践分析》,《青年研究》2018年第2期。

[3] 王向阳:《当前农村婚姻成本与婚恋模式的内在关联机制探析——基于中西部川、豫两地农村婚恋实践的比较分析》,《南方人口》2019年第4期。

支付高额婚姻成本,成婚的可能性就较大。父母的深度介入不断催生"相亲介绍"的婚恋模式,"相亲介绍"的婚恋模式又不断催生"媒婆市场",而"媒婆市场"则进一步推动高价婚姻。

订婚礼金和红包(郑女士供图)

订婚礼品(郑女士供图)

与父母分家

家是社会的最基层的构成细胞，人口的繁衍必然带来家庭的分解。分家是大家庭分解成小家庭，是资源进行重新整合优化，是父代财产传递给子代的重要过程。通过分家，子代获得了对原属其父代的部分财产的法定权利，拥有了这部分财产的专享权。[①] 子代从大家庭分出来，标志着真正成为一家之主，被身边的人真正地当成年人看待。分家后，子代经济上独立核算，"自负盈亏"，外交上也承担起人情往来，户籍管理方面也有自己独立的户口簿。

父母和儿子分家，一般是在儿子结婚之后，这种情况的分家可以称为"成婚分家"模式。"成婚分家"有一个儿子的就分一次家，有多个儿子的就需要进行多次分家。另外，在父母去世后子女也要进行分家，这时候主要是分配父母留下的遗产。这种情况的分家可以称为"遗产分家"模式。还有一种情况就是父母生病时和年老时的"责任分家"。"责任分家"主要是分配子女赡养老人应承担的护理责任和

---

① 费孝通：《江村经济》，鹭江出版社2018年版。

费用责任。父母在遇到重大疾病或年老需要赡养时,子女们的分家思路一般情况下基本都会采取 AA 制,陪同时间、承担医药费、护理、善后等事宜,均平均分配,共同承担。但也会因家庭具体情况采取灵活处理,比如子女中有的时间方便但经济收入不高,有的经济收入高,但时间不自由,这样就本着各尽所能的原则灵活协商解决。

以有两个儿子的家庭为例。一般第一个儿子结婚后不久,就会分家,此时分家,把大儿子和大儿媳分出来,父母和小儿子继续组成"大家"。将来二儿子结婚后,再分一次家。这样原来的大家分成三个小家。父母生病的时候,两个儿子就会针对照料时间、医疗费用等问题进行协商,但父母的养老,一般是在"结婚分家"时就订好了,比如父亲跟着大儿子一起生活,那对父亲的日常照料就由大儿子来承担;母亲跟着小儿子一起生活,那对母亲的日常照料就由小儿子来承担。等父母去世后,两个儿子再分一次家,主要是分配父母那个家庭单位留下的遗产和丧礼(丧葬礼金)。有的父母为了防止子女分配遗产时有争议,会提前把资产分配方案说开,甚至有提前把资产分配完成的。丧礼的分配,也要分开,一般分成两种情况,父母的亲戚、朋友算公共的,其他因哪个子女的关系而收的礼金,就分给谁。

过去分家,主要是房子(包括宅基)和日常用品,现在分家分的是住房,其他的基本不是重点,甚至可以忽略不计。以前分家经常引发兄弟之间的矛盾,要找上家族里德高望重的老人主持。现在一般不用找人,自家就解决了。因为儿子结婚前,一般把婚房准备好了,房产证自然就记在儿子名下,因此不用特意区分,至于家具和日常用品就更不用分了,给谁买的就归谁,分家,看似复杂,但结婚前就自动分配完成了。

儿女双全的家庭,女儿出嫁后,基本自动脱离家庭,融入新家,一般来说,女儿不参与娘家分家,父母的资产也不会给女儿。但老人有经营产业或有祖传技术的，一般优先传给有条件继续经营的子女，并不刻意传给儿子，女儿能继续经营，也照样会给女儿。

儿子与父母，有的分家，有的不分，有的半分。分的是有独立的房子，搬出去后，就等于分家；不分的是因为儿子没有其他房子，只好与父母一同居住，没有其他兄弟，赡养老人和继承遗产都是儿子一人。半分的情况则是指结婚的儿子与父母一同居住，一起吃饭，但经济上各自核算。

对于无儿子，只有女儿的家庭来说，在以前，老人的房子与宅基，会送给侄子，条件是由侄子牵头处理老人的丧事。现在无儿户比较多，房产会让女儿继承。

2018年7月24日，坐标鲁西北地区Q镇X村

牛叔是X村家族里德高望重的老人，经常主持参与村子里的"分家"事宜。今天见牛叔，牛叔说他不开心（为啥不开心《面子大于天》那一节会提及），但讲起分家来，还是滔滔不绝。

我主持村里的分家，大大小小的也有20多户了。分家，就是要讲个公正，特别是儿子多的，就更要不偏不倚。一般就是（孩子）结婚以后找上几个德高望重的中间人来协调分家。刚结婚的要分出去立户，需要分房子给他住。有的有两个院（宅院）的，新村一个院（宅院），旧村一个院（宅院），那么新村的院子（宅院）就给儿子住，老人就住旧村的院（宅院）。两个儿子一处新院（宅院）的，新院（宅院）就让结了婚的长子及媳妇住，没结婚的次子就和父母一起住旧村的院（宅院），次子结婚前还得再盖一套新院（宅院），以后要分给次子和媳妇住。新村旧村分开住，也是因为婆媳会不和，在一起住就会出矛盾，所以就让他们分开住，眼不见心不烦，自己住自己的。那些一个院的，就实在没办法了，只能一院多户，媳妇们和婆婆在一个院子里分户，各住不同房间。但要搭建多个伙房，各人烧各人的（各人做各人的饭）。其实财产分家主要就是分房屋，假设有6间房子，有两个孩子，老的留出两间养老屋来，其余就分了。

重新立户之后，老人年纪大的，就得跟儿子要抚养费，就是一年给老人交多少钱，分两个季节交多少粮食，取暖费怎么办着，医药费怎么办着，就是这样分。子女多的均摊，子女少的就很难说了，只能根据情况尽力而为。因为咱们农村都没啥钱，给老人们交钱交的也不多，所以也没啥争议矛盾。一般情况就是一个儿子给父母出两袋子（约120斤）麦子，一袋子玉米（用于换点地瓜喂点鸡的），一年给300—500元。再就是取暖，给老人买上一吨碳，两个儿子的就平分，一人买1000（斤），一个儿子的可以买1500（斤），甚至可以买一半，当然买全了更好，要看自己的经济能力。

给老人赡养的钱也还得根据实际情况来分，根据（孩子们各自的）承受能力分。yanzhou（方言，意思为遇上）条件好的富儿那就多让他出点，条件差的穷儿就让他少出点，有的穷儿还得让老子给他钱。富的就分你任务大一点，医药费你管着，剩下的取暖费就好说了。这就是为啥要找德高望重的人来分的原因，就是让他们当中间人，他们能做到一碗水端平地分，不能硬讹着分。

20世纪80年代，子代怕受到舆论谴责还不太敢主动提出分家，而现在父代和子代都愿意分家。父代们愿意分家是不想不断地填补子代小家庭的各种开支，子代们愿意分家是想自己来担当门户。只是在调查中我一直在琢磨,那些因为哥哥结婚而不得不跟着父代居住老房子或者小屋子的弟弟们,是如何平衡自己的心态的?因为他们不仅面临自己生活质量的下降,还要面临父母是否有经济能力再为自己建新房结婚的风险。实际上,分家的矛盾不会在分家时体现出来,而是会随着父代逐渐丧失劳动能力而慢慢凸显出来。父代失去劳动能力也就无力给还未成婚的幼子建造新房,幼子们就只能依靠自己的努力来完成婚事。如上篇《昂贵的婚姻》所述,高额的婚姻成本会成为幼子们完婚的最大障碍,他们可能要奋斗到30岁才有能力去谈及婚事,而那个时候同龄的女性早已经结婚了。他们中的一部分会选择离异或者丧偶的女性结婚;一部分会选择去更贫困的地区"领"一个女人回来结婚;甚至有人就干脆终生都没结婚,成了光棍。而这已经是《农村光棍》那一篇的主要内容了。

20世纪90年代中期之前将"责任分家"(老人赡养)与土地联系起来是一个约定俗称的规则。90年代中期之后,随着城镇化的快速推进,农村大量青壮年劳动力进城务工,农村呈现"年轻子女进城务工,年老父母留农村务农"[①]的代际分工模式,55岁以上的老年人成为务农种田的主要劳动力。子代们的土地都交给留守家中的父代来耕种,分家时如何分配土地的耕种权利就不重要了,也就不再把赡养老人和土地相联系。当然城镇化导致的农村"三留守"问题和农村老人养老问题,也已经是另一个题目的内容了。

---

① 贺雪峰:《中国农村社会转型及其困境》,《学习时报》2015年7月20日。

婚姻家庭

立合同字據潘士鳳公承下子孫六房潘宗法景弟等今將大源鄉寮溝菁茹山一段于上年清丈以後兩姓發生爭執業成口角現經鄉保長及中人調解拼息各自情願仍照道光十二年林文清公手分書共六股均分以下各人照管業栽種永遠無異嗣後各不得私自盜賣倘有必要典賣情事兩下當然六股平灘踏口無滉立此合同字據一式二紙潇林二姓各執一紙連同分書永遠為照

兩下倘有光契出現均作廢紙

合同

鄉長李此受
保長潘訓桃
支明洲

保長李正吳
中人周定塗
林頸啟

大房潘宗法
二房潘高和
三房潘岩芹
四房潘增星
五房潘林桃
六房林景弟

中華民國二十八年四月二十九日立合同字潘士鳳公承下

代筆李銳

民国时期的分家协议（牛叔供图）

女人说了算？

费孝通的《江村经济》写于1936年,研究的是苏州吴江附近的开弦弓村。开弦弓村因就近苏州,享有长江和大运河的水利交通便利,农业发展水平很高,是中国国内蚕丝业的重要中心之一,自古以来算是比较富裕的村子。尽管如此,由于受习俗的影响,村里妇女的地位仍然十分低下。农村妇女没有谋生的能力,成年后的生存,全凭出嫁。给男人繁殖后代兼任家里工人,谋得一口饭吃,一张屋檐栖身。

传统的婚姻制度对女性极不公平,她不是和男方另组一个小家庭,而是进入男方的大家庭。男方的家庭本就存在,对新郎来说没什么不方便,而新媳妇却得努力融入新的生活圈子。夜间,她和丈夫睡在一起,她必须对丈夫十分恭顺,她只能和丈夫发生两性关系。白天,她在婆婆的监督下从事家务劳动,受她婆婆的管教。她必须灵活机敏地处理她和小姑子、小叔子的关系,否则他们将同她捣乱。她要负责烧饭,而在吃饭的时候,她只能坐在饭桌的最低下位置,甚至不上桌吃饭。在婚姻里媳妇无权提出离婚，但男家可以休妻，以生活作风、不育或家务做得不好等原因休妻。但休妻的真实原因，往往是心理变态的婆婆受不了比自己年轻的女性出现在家中，将儿子的感情吸引走了，而闹着要休掉媳妇。[1]

民国时期对大多数农村妇女来说，还生活在一个"男尊女卑"的传统世界之中。妇女婚姻仍是遵从"父母之命，媒妁之言"。这个时候还存在一种婚姻模式"童养媳"，很多贫困的家庭会因养不起女孩，就把女孩早早送到婆家做童养媳，童养媳从小就在夫家从事繁重劳动，婚姻选择毫无自由。

这个时期虽然开始设有女子学校，但也只有比较富裕家庭的女孩，才可读一两年书，且在这些家庭内部，也以培养男孩为重，女孩仅是接受启蒙教育而已。

同婚姻一样，乡村的父系制、父权制、从夫居的传统家庭模式也没有多大变化。在族谱中，妇女的名字是不被记载的，并且还有不少针对妇女禁忌的习俗，女性被认为是邪恶的、肮脏的，妇女自己也会参与这些禁忌习俗的建构。

中华人民共和国成立后，中国共产党在农村进行了土地改革、合作化、"大跃进"等一系列的政治、经济改革改造运动，新中国农村妇女的历史就在这样的宏观背景下拉开了序幕。李斌以湘北塘村为个案，从阶级、性别、家庭结构三个不同维度综合考察、梳理和分析了新中国成立初期湘北农村妇女的历史，[2] 也刷新了我们对20世纪50年代中国农村妇女的认识。

---

[1] 费孝通：《江村经济》，鹭江出版社2018年版。
[2] 李斌：《村庄视野中的阶级、性别与家庭结构：以1950年代湘北塘村为中心的考察》，湖南人民出版社2013年版。

新中国成立初期的农村妇女历史，具有男女平等与不平等、妇女解放与未解放的交错复杂性。新中国成立后所进行的婚姻改革具有明显的年龄分层现象，此时的婚姻改革改变的是青年男女的婚姻，而非中老年妇女的。尽管结婚的年轻妇女不再从夫姓，也逐渐改变了结婚坐轿的习俗，但中老年妇女仍从夫姓，新中国成立前的童养媳也并没有因《中华人民共和国婚姻法》的颁布而选择离婚。所以说这个时期的婚姻改革对乡村婚姻习俗的改变并不彻底。

新中国在土地改革完成后开展的针对中青年妇女的识字扫盲运动，使农村妇女第一次大规模走出家庭。与新中国成立前大相径庭的是学龄期的女孩和男孩享有同样的受教育的机会和权利。但受阶级话语的影响，村庄教育在初步实现性别平等的情况下，又开启了阶级不平等的历史。政府拒绝地主阶级子女接受中学教育。

1956年开始的人民公社制度，使妇女有了走出家庭的新出路。妇女可以参加农田劳动，参与公共事务，打破了"男主外，女主内"的性别分工。尽管"男不治内"的传统并没有因为妇女参与集体活动而改变，但妇女参与集体活动却改变了婆媳关系和萌生了自由恋爱的气氛。因青壮年妇女要参加农田劳动等集体活动，料理家务和带小孩的责任就被季节性地转移到了作为婆婆的中老年妇女身上。婆媳关系因而从以前媳妇"侍奉翁姑"的上下等级关系逐渐转向婆媳互帮互助的对等关系。年轻人也开始渐渐按照个人意愿去选择对象，对自己的婚姻有了发言权。

妇女有了婚姻的自主权并不意味着就拥有了婚后的家庭主导权，事实上，20世纪六七十年代的大部分结婚家庭，还是男性决定着家庭事务的最终决定权。妇女常常与他们发生冲突，而冲突的结果往往就是导致男性对女性的家庭暴力。

改革开放以后，农村经济体制改革，使中国广大农村走上了繁荣之路，也使亿万农村妇女的家庭地位和社会地位有了明显的提高。她们早已不知"三从四德"为何物，不再只是家庭中男人的附庸，而逐渐成为家庭的主导。越来越多的农村妇女成为家庭中的主要劳动力和家庭事务的主要安排人，越来越多的农村家庭开始由女人当家做主。特别是进入20世纪90年代以后，随着农村丈夫的大量外出务工，传统的、基于性别角色的社会分工，很大程度上得以重构。一方面，女性"主内"的角色得到强化，丈夫在家务劳动中的辅助作用降低甚至完全消失，留守妇女成为老人照料、子女抚育、日常家务料理的最主要（甚至是唯一）承担者；另一方面，留守妇女"主外"的角色也得到强化，即接管了过去主要由丈夫或夫妻双方共同承担的耕田种地工作，更多且更直接地参与社会生产活动，内、外兼顾，维系家庭的基本生活保障。这种丈夫外出流动所带来的留守妇女内、外角色的变化无疑并进而使妇女掌握了更多的家庭资源，家庭决策权显著增强，家庭地位也越来越高。[1]

2018年2月17日，坐标鲁西北地区Q镇X村徐大爷家

今天大年初二，是外甥们走姥娘（姥姥）家拜年的日子。徐大爷一家共兄妹四人，他排行老四，目前哥哥已经去世，两个姐姐家共3个外甥。徐大爷有一儿一女，儿子闺女都在城里工作，闺女F是律师，儿子J在一个网络公司就职。今年儿子媳妇都回来过年了，女儿在婆家过年。

      一大早徐大妈和儿媳妇就起来忙活，准备好菜和肉，等着外甥们来了做饭。上午8点二姐家的小外甥L先到，磕完头，客套

---

[1] 陈志光、杨菊华：《农村在婚男性流动对留守妇女家庭决策权的影响》，《东岳论丛》2012年第4期。

话的功夫大姐家的两个外甥 H 和 Y 也就到了。三个外甥到齐后，徐大叔先带着他们去给村里一个大家族的长辈们磕头，这时候徐大妈和儿媳妇就开始炒菜，准备酒席。徐大叔和外甥们回家时，徐大妈也已经摆好了酒菜。爷五个这时候就直接落座吃饭了。徐大叔坐在主位，然后三个外甥和儿子围绕周围，谈天说地，觥筹交错。徐大妈和儿媳妇则继续厨房做菜。菜全部做完之后，她俩就回到房间坐到一边，看着爷几个喝酒聊天，当然还负责端茶倒水。

小外甥 L："嫂子，你也一起坐下吧。"

儿媳妇："不了，你们喝就好，我给你们服务。"

大外甥 H："弟妹，你可是城里人，不上桌不习惯吧，你也别忙活了，一起吃吧。"

儿媳妇："习惯，早习惯了，你们吃哈，我服务。"

徐大叔："孩他娘，你去热热这个汤，凉了。"

徐大妈赶紧端了汤，去厨房。这时候儿媳妇也跟着进了厨房。

儿媳妇："娘，我来热吧。"

徐大妈："哎呦，不用了。你也挺累的，看你每年来家跟着我光忙活做饭，也不能一起吃，委屈了啊，叫我说，你就一起吃也没啥子。"

儿媳妇："哎呦，妈。你年年这样都不委屈，我才回家过几次年，没事，入乡随俗嘛。不过，娘，咱们这儿为啥女人不能和男人一起在桌上吃饭呢？"

徐大妈："一直都是女人做饭，男人喝酒啊，一直就是这个样子。女人不喝酒，上桌也没啥说，和个傻瓜一样。"

儿媳妇："我看二爷爷家里的小婶子就老上桌，她都和男人们一起吃饭喝酒呢。"

徐大妈:"她有本事呗,就喜欢扎男人堆,咱们村背后可都议论她呢,本事挺大。"

儿媳妇:"哎呦,我妈。咋还这样说人家,不就是一家人一桌喝酒吃饭嘛。"

2018年7月24日,坐标鲁西北地区Q镇X村李姐家

李姐在一家超市干业务员,老公是位卡车司机。两个闺女,一个大学三年级,一个小学六年级。婚姻和谐,家庭幸福。今天我俩聊得话题是"女人说了算吗?"

我:"李姐咱们村女孩子找对象,自己说了算,还是父母说了算?"

李姐:"咱们这儿女孩子找对象不像城里人,自由恋爱得多,基本都是经人介绍,女孩子一般都是先看男方家里条件好不好,在外面打工不,主要干啥?人品啥样,长相顺眼不,觉得好就定了。对男方的综合情况评估会需要参考父母的意见,但基本就是自己说了算。"

我:"那就没有父母干涉婚姻的情况吗?"

李姐:"基本上没有,有也是极少数的。基本上是父母看不好,闺女要是愿意,父母就默认。"

我:"李姐那你当年找对象的时候是啥情况呢?"

李姐:"哈哈!我俩是初中同学,两家关系很好,我家因为都是女儿,父母就有意想在邻近村找个老实可靠的男孩,照顾方便。也许是家里人有意无意地暗示的原因,初中毕业的时候他就开始给我写信,然后他妈就托了媒人来说媒,就这么成了。我们

也算不上自由恋爱,我也不确定我那会喜欢他不,但心里就是默认的就是他。"

我:"哈哈。那算是有了心理暗示吧,你俩还是缘分。那结婚这些年你们家大事小事谁说了算呢?也就是谁拥有家庭决策权?"

李姐:"我觉得我说了算。哈哈。"

我:"能说详细一些吗?比如建房子、买大件物品、子女教育、日常消费品购买、家族交往等分分类。"

李姐:"我们结婚是结在老村的旧房,和他妈住一起,一人一间。大闺女四岁的时候我们建了现在的房子,当时肯定是商量啊,这么大的事,两人都同意才行。以前我还不干服务员,在家里种地和做各种手工,给服装厂钉扣、编篮子这种。这些年他一直在开车,在家时间少,所以家里的日常开支肯定是我说了算,想买啥就买啥呗。孩子上学,老大那时候也不上辅导班没什么别的费用,就一年一年地顺着读下来,现在都给孩子报辅导,我也给老二报,大家都上辅导,也没啥商量的,一般也是我决定。至于给两边的老人们花钱,买什么东西,也是我弄。所以还是平等的吧,大事商量,小事我定。"

我:"那你们家房产证和宅基地确权的时候写的谁的名?"

李姐:"他的名啊,当时我还和村里说了一句能写我的吗,村支书说不能,都得写户主,户主是谁就写谁。"

我:"户主都是男的?"

李姐:"嗯。村里都这样。除非男的户口不在家,户主才是女的。这是约定成俗的事。"

我:"那你们家财政大权谁掌握?你了解的咱们这儿的总体情况又是啥样的?"

李姐："财政大权基本都在女人手里，这个家家这样，除了一少部分女的实在顶不起来的家，男的才管着家里的钱。我们家就是他每月工资直接打到我的卡里，老板当时要银行账号的时候就是问我要的我的信息，用的我的银行卡。家里钱都在我名下，他出门花钱问我要。不能给多了，哎呀，司机那个行业太乱。"

我："哈哈。那你们没准备县城里面买套房？咱们村好多年轻人都在县城里买了房了啊。你了解的县城里买房，房产证都写的谁名字？"

李姐："嗯。我们前几年觉得家里没有儿子，不用买房，但这几年看人家都买，并且房价一直在涨啊，买房还能赚钱，所以今年刚买了一套，还没交房。城里买房房产证人家可不看是不是户主了，我了解的一般都是写的两个人的名。"

我："哦。那你俩现在都在外面打工，他开车，你去超市，家里家务活谁干？"

李姐："农村这情况不管是不是都在外打工，家务肯定是女人干得多。男人做饭的也有，但不多。收拾卫生肯定是女的。"

我："那你觉得女性性别意识强吗？"

李姐："强，怎么不强，都追求男女平等。哈哈！"

我："那你对你在家的总体地位满意吗？"

李姐："满意啊，挺满意的。"

我："哈哈！那你觉得女人说了算吗？"

李姐："说了算啊，那肯定是说了算。"

我："说了算是意味着两人在家里的地位平等还是他得听你的？"

李姐："平等吧，但他还是得听我的。"

我："哎呀。姐。那你能给我解释一下女人既然平等了怎么咱们这儿过年过节和家里来客的时候，女人不能上桌呢？"

李姐："也不是不上桌，是不同桌。过节的时候一桌坐不开，就分开桌，男人一桌，女人和孩子一桌。平时家里来客人，女人也是得做饭伺候啊，没法上桌。哎，也是。咱们这儿确实是有这个现象，女人不和男人一桌。"

我："不觉得这是男尊女卑的表现吗？"

李姐："习惯了，不过严格说这也是男尊女卑吧。"

学校黑板报

2018 年 7 月 24 日，坐标鲁西北地区 Q 镇 X 村牛叔家

和李姐讨论的话题，我还是想再找牛叔聊聊。毕竟牛叔览闻辩见，才高识远，总能让我有醍醐灌顶的收获。

我："叔，我今天想和您聊聊咱们这儿的妇女家庭地位问题，您给我说说呗。"

牛叔："闺女，这个有啥说的，现在女人半边天啊，地位可是高了，说了算，家里啥事都是女人说了算，你问问你婶，我家是不是她说了算，她一声令下，我唯命是从。"

我："啊，哈哈。叔，您就是幽默。"

牛叔："可不是开玩笑，你婶掌握着咱家财政大权，钱和卡都存在她箱子里呢。她说能花就花，不能花的咋地也不能花啊。"

我："哈哈。除了财政大权，别的权也掌握在我婶手里？"

牛叔："经济基础决定上层建筑，管钱的啥都说了算。"

我："哈哈。我了解的咱们村里的妇女还都挺满意在家庭里的地位的，好像不觉得男尊女卑，男女地位有不平等的现象。"

牛叔："有啥不满意的，新中国成立之后，毛主席说男人女人一个样，妇女能顶半边天，妇女从此大解放。改革开放以后，妇女回归家庭开始当家做主。90 年代以后，找媳妇花钱越来越多，彩礼越来越重，妇女地位也是越来越高了。女人地位越来越高，男人们越来越委曲求全，你说她们能不满意吗？"

我："哈哈。牛叔，您还真是个社会学家，您说的这个彩礼提高了妇女地位的观点和著名的社会学家贺雪峰一个观点。"

牛叔："贺雪峰是谁我不知道，我就知道花那么多钱娶媳妇，还不是地位高了吗？"

我:"叔,您能在时间的纵轴上给我具体说说您妈,我婶,还有您儿媳妇这几个女人在家里的不同吗?"

牛叔:"我娘那时候就是三从四德,我奶奶爱拿乔(故意刁难人),生气了以后就让我娘下跪,不好的让她吃,累活让她干,一点地位也没有。但我娘就没有欺负你婶,她娘俩关系挺好,不过这时候还是男人吃得稍微好一些,女人吃得差一些。你婶和共和国同岁,基本没受罪。刚和我结婚的时候,也得使唤(伺候)老人,使唤(伺候)我,那时候'打老婆有本事'的观念还挺重,不过我可没有打过她啊,那是时代烙印。后来慢慢地她在家的地位比我强了,就是阴盛阳衰吧,反正就是你婶说了算,管着我。不过你婶这一代的女人也可怜啊,以前她使唤(伺候)婆婆,现在是她使唤(伺候)儿媳妇,帮她干家务,还得看孩子。"

我:"您说我婶这段我特别想笑啊叔,您可别生气啊,嘿嘿。我就想知道您的心态是咋转变的?"

牛叔:"这个有啥难的,随形势转变呗,自然而然心态就变了。以前她看我脸色,现在我看她脸色,都很自然。"

我:"叔,您刚才提到阴盛阳衰,女强男弱,那咱们这儿女人不上桌这事你又咋看呢?"

牛叔:"你说女人不上桌哈,这事换你经历,你还是觉得挺尴尬吧。咱们这儿就这么个情况,以前女人都在家基本没有啥场合(社交),不像现在女人也会出去打工,所以场合都是男人的场,女人上不了,慢慢地也就一直保留到现在,成了习俗,大家都不觉得有问题。你们城里来的,肯定觉得这是男尊女卑的表现,但我觉得可以理解为人前女人弱,人后女人强,没有场合的时候,那还是女的在家地位高。"

我:"那就是女人在社会关系上还处于弱势,但在家庭关系上处于强势?"

牛叔:"可以这么说吧。"

　　总结来说,新中国成立以来,尤其是改革开放以来,中国农村妇女的命运有了较为彻底的改变,"女人处于从属地位,妻子作为丈夫的附庸"格局被"男女平等""妇女能顶半边天"的社会生活现实所取代。农村妇女的特殊权益受到保护,政治参与权、经济独立权、受教育权以及婚姻自主权、生育权、家庭事务决策权、财产权等多个体现农村妇女婚姻家庭地位的权利明显提升。她们在家庭中常常占据主导地位,成了农业生产中的主力军,在打工经济中更是赚钱的助力。针对她们的家庭暴力几乎已经消失,可以说几乎彻底改变了数千年来男尊女卑的格局。但由于农村乡土文化盛行,受封建社会男尊女卑、夫为妻纲、三从四德等观念的影响,父权制仍极大制约着中国妇女家庭地位的提升,很难在短时期内有所改变。农村婚姻住所的决定权、子女姓氏决定权大部分仍然属于丈夫,实行妻从夫居、子从夫姓。

女人上街采购

逃婚与离婚

费孝通先生说过:"婚姻是用社会力量造成的。"[1] 婚姻作为个体生命历程中的重大事件,既关乎个人幸福,又与家庭稳定、社会和谐息息相关。婚姻是家庭关系的核心,婚姻关系的和谐是社会和谐的基础。当婚姻不成功与不满意时,人们往往选择"逃婚"与"离婚"来应对不满意的婚姻状态。

新中国成立前的农村,人们认为离婚是耻辱,对于男女方来说都是耻辱。男方提出离婚,会被认为不通人性。女方提出离婚,则使家庭名誉受损。那时候妇女都自我定位"生是男家的人,死是男家的鬼"。因此这个时候,离婚的极少。

世纪之交前的农村,人们并没有接受真正意义上的男女平等意识,大男子主义仍然普遍存在。男人们认为他们是一家之主,妻子应该服从他们的意见和决定。但此时的农村妇女因为经历了新中国男女平等教育,已不再是封建社会的妇女了,面对男性权利导致的频繁家

---

[1] 费孝通:《乡土中国 生育制度》,北京大学出版社1998年版。

庭暴力，她们选择"闹离婚"的方式来反抗。但此时妇女们"闹离婚"的重点在于"闹"而不是"离"，这只是她们主张婚姻权利的策略。如果真的让她们离婚，就往往都只字不提离婚的事了。我在鲁中地区调研的时候，村民说："20世纪80年代这个时期，村里的大部分妇女都闹过离婚，村干部整天处理'闹离婚'事件，但村里真正离婚的一个没有，不过村里却出现过一次'逃婚'现象。"

20世纪90年代之后，农村的离婚率快速上升，农村的离婚案件数量普遍增加，而增幅之大比较惊人。追究原因的话，一是因为婚姻价值从传统双系抚育转向个体性生活经验，婚姻遭遇伦理性危机，使婚姻关系不稳定性增加。[1] 二是因为国家权力从村庄社会的后撤以及国家对婚姻法的调整推动了自由浪漫型婚姻增多，为离婚减少了制度障碍。[2] 三是因为对离婚进行负面评价的社区舆论弱化、调解离婚的家族与村落权威主体的退出等因素为离婚增长提供了结构性便利。[3] 四是人口流动增加、外出打工者增多，致使婚外情越来越多，婚姻稳定性下降。[4]

2018年7月24日，坐标鲁西北地区Q镇X村牛叔家

今天和牛叔从"分家"到"谁说了算"，自然而然又聊到村里的离婚现象。据牛叔回忆，20世纪50年代以来村里共有9件离婚案件。

案例1（1958年离婚，离婚时男方26岁，女方23岁）：这

---

[1] 陈讯：《婚姻价值变革》，中国社会出版社2014年版；贺雪峰：《农民价值观的类型及相互关系——对当前中国严重伦理危机的讨论》，《开放时代》2008年第3期。
[2] 陈柏峰、董磊明：《治理论还是法治论——当代中国乡村司法的理论建构》，《法学研究》2010年第5期。
[3] 李迎生：《现代社会中的离婚问题：成因与影响》，《人口研究》1997年第1期。
[4] 风笑天：《农村外出打工青年的婚姻与家庭：一个值得重视的研究领域》，《人口研究》2006年第1期。

是个因"替儿嫌妇"而导致离婚的典型案例。婆婆看不上儿媳妇，百般刁难，最后促使儿子离婚。

案例2（1960年离婚，离婚时男方36岁，女方38岁）：这两人离婚的原因，就是一个字"饿"。1960年正好是三年自然灾害时期。不离婚就会吃不饱，饿死。所以女方就选择离婚，再嫁了。

案例3（1968年离婚，离婚时男方24岁，女方23岁）：这两人离婚是因为男方去山西挖煤，留下刚结婚的媳妇在家伺候公婆，公公婆婆对儿媳妇各种刁难，最后儿媳妇忍无可忍就离婚了。

案例4（1994年离婚，离婚时男方28岁，女方28岁）：男方和女方关系很好，两人结婚5年后因为没有孩子而离婚。女方先天性输卵管堵塞不能生育，开始男方及其家庭到处借钱给女方看病，但最终还是没有治好。慢慢的夫妻之间的关系就出现隔阂，最后男方选择离婚。

案例5（2006年离婚，离婚时男方65岁，女方65岁）：男方是X村的有名人物，某局的局长，女方是家庭妇女，长期在农村家里生活。两人育有五个子女，五个子女都很优秀，只有一个没考上大学在家务农，其余四个孩子都在城里工作。男方因和女方没有共同语言，性格和志趣差异太大，所以三十几岁时就和另外一个女人好上了，后来两人公开同居，村里人都知道，亲戚朋友也知道，村里也都默认他们的关系。男方一直要求离婚，但是老婆就是不离。就一直拖着，后来孩子们大了，都反对父亲离婚，就更离不了了。直到男方退休，回村居住，这时候他重新建了一栋房子和那个女的一起住，这样过了五年，孩子们和老婆同意了离婚。离婚以后，女方跟着大儿子去了北京，男方就和那个女人结婚了。

案例6（2012年离婚，离婚时男方42岁，女方41岁）：男方有肝炎，常年不能干重活，女方担负着养家的责任。女方挺苦，但不本分。开始几年还在家种地，干手工。后来跟着其他人去城里打工，在按摩店从事按摩工作。这个过程认识了一个东北来这边打工的，是个混混。两人很快同居，并生了一个男孩。东北这个男人开始还没让她离婚，但有了孩子以后就要求她离婚，女方不敢不离，就和男方商量假离婚，离婚以后他们照样在一起生活。男方自己不能养家，就比较纵容女方，同意了假离婚。后来东北这个男人回东北了，两人就又复婚了，但复婚之后两年，男方经常因为那个孩子（与东北男人生的）和女方打架，并且女方又认识了一个卖木材的老板，两人又有了不正当关系，两人再次离婚。

案例7（2013年男方第一次离婚，离婚时男方31岁，女方30岁；2018年男方第二次离婚，离婚时男方36岁，女方38岁）：男方是个包工头，长期在外干工程。第一次离婚是女方和他离婚，理由是男的没有责任心，不正干。离婚以后双方很快就又再婚了。第二次离婚是因为男的在外面时间长了，也因为包工程挣了不少钱，包养了一个20多岁，年轻漂亮的"二奶"。家里老婆因为这事不断闹，但因为有一对双胞胎孩子，开始几年也没离成。后来，孩子慢慢大了，还是离了。离了之后男方很快就和那个"二奶"结婚了，两人抚养着两个孩子，女方离婚后去了保险公司干业务员，业务做得很好，人也漂亮了，后来和一个同事结婚了，据说过得挺好。

案例8（2016年离婚，离婚时男方30岁，女方28岁）：这一对离婚，纯粹是因为女方从事不正当行业。男方因为这事老是打女方，但打也不管用，女方还是做这个工作。最后没办法，男方选择离婚。

案件9（2017年离婚，离婚时男方29岁，女方28岁）：小两口是高中同学，高中毕业后两个人走在一起。据说女方上学时是男方好朋友的女友，毕业以后因为那个男同学考上了大学，所以就分手了。两人结婚以后，天天吵架，至于为啥吵架，村里人也不知道。听婆婆说好像是男方怀疑女方还和以前的男友交往、偷情。然后男方在外打工时，就和一个女人做起了临时夫妻。后来女方主动提出离婚，两人就分开了。两人没有孩子。

X村的9个离婚案例中，第一个和第三个案例为父母破坏型离婚，因男方父母虐待儿媳妇致使妇女提出离婚。第二个案例为经济贫乏型离婚，因男方经济条件的不足而引发妇女提出离婚。第四个案例为身心缺陷型离婚，因女方无生育能力、性生活不协调或其他身心障碍而引起的离婚。第五个案例为性格志趣差异型离婚，因夫妻双方在性格、脾气与志趣等方面差异大，生活中矛盾多而引发的离婚。第六个到第九个案例均为性行为越轨型离婚，因夫妻一方存在婚外性行为而引发的离婚。

在20世纪90年代"性革命"的冲击下，性权利的释放和婚外性行为的增加都为中国的婚姻家庭带来了新的挑战。

在农村，性生活依然与生育密切相关，并且只被允许在婚姻制度里存在。而据中国乡村治理研究中心陈讯博士在安徽、湖北、重庆、陕西、江苏、山东、贵州、江西等地农村驻村的调研结论，当前农村社会中婚外性行为越来越成为一种普遍现象，但这种现象并没有导致农村家庭大规模的破裂，而且正逐步演变为农村社会生活中的一种常态。近几年我在山东地区的调研也不断证实了这个结论。

乡村观察

2018 年 7 月 25 日。坐标鲁西北地区 Q 镇 S 村

今天的调研专题,我开始试图是通过访谈当事人的方式来进行,但尝试了几次之后都表示这种方式于和访谈者来说都是行不通的。其一,微妙的人际政治使很多人不愿意开诚布公地聊个人的婚外性行为,其二,这种面对面和别人讨论他的婚外性行为的话题,好像对我的个人道德造成了冲击,让我不能顺畅地进行。于是,这个时候从 S 村走出来的曾在乡村机关做过宣传工作的 YJ 同志帮了我的大忙,为我描述了 20 世纪 90 年代以来 S 村的婚外性行为变迁过程。

20 世纪 90 年代的 S 村,对婚外性行为是持严厉批判态度的,包括已订婚但还未正式结婚的青年男女,如果老人发现有订婚没结婚,居住在一起,会嘲笑他们,他们的家人也感到脸上无光。甚至已经登记结婚,还没举办婚礼,都不敢光明正大居住在一起。如果新婚后不足 10 个月就生了孩子,更是成为村民们茶余饭后的笑料。

20 世纪 90 年代末,有一位从村里考上学的姑娘,在学校任教,男朋友在镇上工作,她与男朋友在镇上的宿舍同居,家人知道后,严厉地批评她不知羞耻,结果这名姑娘一气之下砍下了自己的左手无名指。

那时,农村是封闭的,如果谁家男人和另一家的女人有婚外情,是绝对瞒不住的,他们要在无形中接受全村人舆论的严厉谴责,带来的后果也是无法估量的,严重的会影响到他们子女的名声。出轨男人往往有以下特征的一条或几条:一是嘴甜手巧,二是有闲工夫,三是在村里当干部,四是家族势力比较强,五是有一定的经济实力,六是自己妻子比较弱势。而出轨妇女的特征往往是这样的：一是长相较好；二是性格外向，爱说好闹；三是丈夫比较弱势；四是家族势力较弱；五是不爱劳动。

那时，对丧偶后妇女再婚，也是持不明确式反对，就是不公开反对你再婚，但在内心却抵制，对放弃再婚的往往持赞颂态度，再婚的，其子女脸上无光。S村有一个外甥，其父去世，母再婚，春节他到姥娘家拜年，其表哥在宴席上就说风凉话，不点名地批评他对老母亲不孝顺才导致其母再婚。一会儿，他就哭着走了，以后再也没去过姥娘家。

2000年以后，村里进城打工的人员越来越多，特别是近年来的土地流转，打破了农民原有的生产方式，更多青壮年劳动力开始从事种地以外的营生，以前两口子同在一亩三分地上种地的场景基本不见了，男外出、女留守是基本的模式。建筑包工头、开大车跑运输、经商等成为村里先富起来的一批人，他们的思想也随之剧变。跑运输的见过外面的世界，摆在他们面前的是无限的诱惑和各种路边店。包工头和商人要接触许多实权人物，为了接工程、拿订单，就要学会人家的公关手段，在推杯换盏后，陪人家一起潇洒，这其中就有性方面的贿赂，在钱包鼓起来之前，他们的思想先"解放"了。城里人"家中红旗不倒，外面彩旗飘飘"的状态也进入了农村，而男人在外面花天酒地、拈花惹草，女人不再像以前的女人那样闹得厉害，而是采取了睁一只眼闭一只眼的态度。女人似乎一下"看开"了，这其中有男人在创造财富方面占压倒优势的原因。如果说以前男人拈的是身边的花，其实也算是两情相悦，当然条件限制，外面的也拈不到；现在男人拈的是外面的野花，更多是荷尔蒙的作用使然。以前男人出轨的代价难以估量，可能妻离子散、身败名裂，现在婚外性行为导致离婚或名声受损的概率非常低。

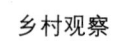

这批小老板、暴发户在村民中的示范作用很大，影响了很多人，包括在思想方面，原先对婚外性行为的严厉批判态度逐渐消失，取而代之的是女性收缩了自己的底线：只要他承认我的"红旗"地位，就什么都好说。

普通村民外出打工，没有那么风光，他们与小老板们没法比。但是他们长期与妻子分居，生理需求也要解决。他们的时间相对自由，业余时间，三五成群地到路边店、打着发廊、足浴等名号的场所，进行着他们的交易。他们各取所需，之后互不干涉对方的生活。他们的另一半，眼不见，心不烦，假装不知道发生了什么。

经济发达地区的思想影响着落后地区，村里的富人思想也潜移默化地改变着穷人的思想。

还有极个别的，利用"仙人跳"来坑人。当然这个不是俺们村，这个是我们邻近村——M村的事。M村的C与妻子Y，疑似利用"仙人跳"来坑Y娘家村的L，Y与L年龄相仿，是一个村的，L对Y有好感，经常利用微信联系。有一天，两人相约在某处开房，结果被C捉了现行，C一张口向L索要11万，L有钱，怕丢人，就给了C 11万。一段时间后，几乎同样的剧情又出现了，当然男主角换成另一个人，这次C索要5万，对方答应，但对方妻子不答应，跑到Y的娘家大骂，后来不了了之。出现这种案例，说明了婚外性行为由严肃的道德问题，变成了欺诈的经济犯罪行为。

2019年1月26日，坐标鲁中地区X镇F村

今天在学生的帮助下对F村1980年以来的婚外性行为情况以及因婚外性行为而离婚的情况进行了调查统计。

自 20 世纪 80 年代以来 F 村发生婚外性行为现象共 57 例，其中发生在 20 世纪 80 年代这个时期的有 7 例；发生在 20 世纪 90 年代这个时期的有 19 例；2000 年以来有 31 例。因为婚外性行为离婚的有 7 例，其中 20 世纪 80 年代有 2 例，20 世纪 90 年代有 4 例，2000 年以来只有 1 例。婚外性行为关系中，村内的婚外性关系日益减少，30 年来，村内婚外性关系有 15 例，其中 20 世纪 80 年代的 7 例全部都是，20 世纪 90 年代中也有 7 例，2000 年以来只有 1 例。因为男性在外打工而发生的婚外性关系日益增多，主要方式是嫖妓，42 例村外婚外性关系中，嫖妓的数量高达 30 例。嫖妓在村庄内部还是会视为行为不端，有过嫖妓行为的男人回到村里并不敢宣扬他们的嫖妓经历，村庄内的伦理观念对他们仍然有较强的作用和影响。在其他 12 例村外婚外性关系中，有 3 例是"包二奶"，有 9 例是"情人"关系，这中间有 2 例是和其他外出务工人员做了"临时夫妻"。

城乡的迁移不仅使年轻的已婚农民工进入到了一个更加自由宽容的性情景中，将他们从约束婚外性行为的道德标准中解放了出来，并且增加了他们进入婚外性关系的机会。对于那些只身进城打工或者配偶不在同一个城市里打工的已婚男性农民工而言，长期的两地分居使他们产生的孤独感、渴望亲密关系的感觉以及因个人生活而产生的婚外性冒险经历刺激，他们往往会积极主动地卷入到婚外性行为中。而"嫖妓"则成了婚外性行为中的主要方式。

总结来看，中国传统文化中明确提出了"三纲五常"与"三从四德"，并一直是维系道德关系与人伦关系的行为规范。新中国成立以来，夫妻关系一直受到中国的传统文化与党的政策影响，夫妻之间互敬互爱、忠诚，在夫妻权利与义务关系上一直维系着较好的关系。随着改革开放的深入与社会转型的加快,乡村婚外性关系及相关观念发生了巨大的变化,传统的性伦理日益瓦解。

费孝通先生说,家庭作为基本的抚育单元,承担着社会继替的功能。① 家庭的稳定建立在婚姻稳定基础上,处在从传统向现代过渡的社会转型期的中国,婚姻制度相应地发生着剧烈变迁。在人口与面积占到全国大多数的农村,离婚率的快速升高已成为事实,探讨其背后的形成机制具有很强的现实与理论意义。妇女主导的婚姻秩序以及婚姻物化倾向,形塑了农村地区贫困阶层的弱势累积与地位焦虑,从而易诱发一定的道德风险与社会风险。一些地方出现了离婚后的越轨与违法犯罪现象,这需要引起社会的反思与警醒。②

---

① 费孝通:《乡土中国 生育制度》,北京大学出版社1998年版。
② 班涛、陈讯:《转型期农村离婚的类型、变迁及后果》,《西北农林科技大学学报》(社会科学版)2017年第3期。

赡养与孝道

中国的人口正在急剧地老龄化,据国家统计局人口普查数据显示,60岁及以上人口所占比率已经从2010年的13.3%上升到2018年的17.9%。[1] 从农村老龄化来看,2010年到2016年,全国乡村60岁及以上人口所占比重从15%快速上升到19.1%,乡村这一指标不仅始终高于城市、镇和全国平均水平,而且乡村同全国、城市、镇的差距不断拉大。[2] 与农村人口老龄化结伴而来的是农村老年人的养老问题。从历史上讲,中国的社会保障制度一直存在城乡差别,农民不能像城市工人一样领取政府养老金。当前城市居民每月领取的退休金最低也有上千元,但农村老人的每月养老金最多才120元。2007年国务院决定,在全国建立农村最低生活保障制度,到2012年,农村低保已经覆盖近5000万人。2009年中国政府开展了新型农村社会养老

---

[1] 参见《中华人民共和国2018年国民经济和社会发展统计公报》《中华人民共和国2017年国民经济和社会发展统计公报》。
[2] 魏后凯等:《中国农村发展报告——新时代乡村全面振兴之路》,中国社会科学出版社2018年版。

保险试点,并在2013年前基本实现了对全国农村的覆盖。与此同时,中国新型合作医疗也同样迅速发展,到2012年已经覆盖了95%以上农村地区。虽然政府采取了种种措施,但世界银行公布的综合报告《中国农村老年人口的养老保障》却比较悲观地认为,中国政府为农村人口所做的工作还远远不够。这是因为,计划生育政策的实施、城乡迁移引起的代际居住分离削弱了家庭养老保障的人力资源,对农村老年人口的养老保障造成了严重影响。

由于农村老人仅靠新农保的收入养老远远不够,他们仍然主要依靠"养儿防老"这种家庭养老的传统养老模式。中国两千年的传统文化中,孝顺一直是正统儒家思想的核心。[①] 受儒家文化的影响,人们普遍认为生育的目的和意义在于"养儿防老",这也是中国亲子关系反馈模式的社会基础。[②] 子女,尤其是儿子,应当在父母年迈的时候提供经济支持、生活照料和精神关爱。新中国成立之后,没有儿子的老人则通过"五保户"制度由集体和国家来养老。

国家制度性养老模式下,60岁以后就会进入退休模式,不再参与工作。"养儿防老"的农村家庭养老模式下,就没有60岁退休这回事,只要老年人身体还可以,就必须继续参与劳动,而不能要求儿子来给自己养老。一般情况下,农村老人只要身体好,甚至只要能动,就会从事力所能及的如种田、种菜、养殖以及家务等劳动,有的还要给子女照料小孩。随着城乡的迁移,中国农村家庭出现年轻子女进城务工,年老父母在家务农的"半工半耕"家庭结构,老年人在家务农的劳动收入足以满足自己的生活需求,甚至还肩负着为子女家庭供给

[①] 蔡玉萍等:《男性妥协:中国的城乡迁移、家庭和性别》,生活·读书·新知三联书店2019年版。
[②] 费孝通:《家庭结构变动中的老年赡养问题——再论中国家庭结构的变动》,《北京大学学报》(哲学社会科学版)1983年第3期。

农产品的责任。从这个意义上讲，除了儿子的供养，土地也为农民提供了养老保障。

因农村老年人没有退休的概念，理解老龄化问题应区分低龄老年人（60—75 岁）与高龄老年人（75 岁以上），聚焦于年龄背后的家庭生命周期阶段以及与土地结合能力的差异，进而揭示二者在"老化"过程中所面临的不同问题。具体来说，农村老龄化的问题体现为低龄老年人的"伦理陷阱"和高龄老年人的照料缺位。一般来说，低龄老年人通常具有一定的劳动能力，老年家庭结构相对完整，具有生活自理能力，因而生活自养的能力较强。他们可以通过农业生产获得基本生活资料实现"自养"，并且深度卷入子代家庭再生产的过程之中。他们面临的问题不是子代资源反馈不足的问题，而是在应对家庭再生产的压力下，需要不断向子代过度输入资源的家庭伦理困境。不同于低龄老年人陷入的家庭伦理陷阱，高龄老年人的境况则有所不同。他们的劳动能力明显弱化乃至丧失，家庭完整性程度较低，在生活照料和饮食起居等方面面临一定的困难，尤其是应对疾病等风险的能力较差。在当前农村，高龄老年人主要依靠子代提供的养老资源维持生活，且离不开子代家庭的日常照料。[①]

2018 年 7 月 28 日，坐标鲁中地区 X 镇 F 村

今天约了 F 村的张大哥（我学生的父亲），张大哥描述了 F 村的养老情况。基本能代表鲁中地区的养老状况。

> 我们村，老人们只要身体健康，就不会和子女住在一起，大多选择自己生活。

---

① 李永萍：《养老抑或"做老"：中国农村老龄化问题再认识》，《学习与实践》2019 年第 11 期。

有些孩子在城里工作生活的，孩子们基本就是逢年过节的时候回老家看看老人，有时也可能因为忙，过节也回不来。尽管孩子们也会想办法，让老人进城去和他们一起住，以便陪伴父母。但年龄大了都免不了安土重迁，上下楼也不方便，不如家里的平房，空气也不如乡村里的清新，出去遛弯全是不认识的人，陌生感也会给老人带来一种孤独感等问题，所以他们更多的还是想在农村生活。

我们村的老人不管多大年龄，只要身体没有很大的疾病还能劳动，他们还是会坚持种地或是通过干点零活来维持生计。虽说国家每月支付70元养老保险金，子女们逢年过节和生日也会送礼金，但这些也只能够满足最基本的生活需要。当年龄太大或者是生病以后，生活不能自理时，还得让子女们来照护。一般是由儿女轮养，一家一个月的方式，如果轮养不方便，就会轮值，都到老人家里来照料，也是规定好一个孩子轮值几天这样的方式。父母的医药费由子女们（包括女儿）均摊。丧葬费由儿子们分担。

这些年村里年轻人都去城里打工了，也出现好多生活不能自理的老人无人照料的现象。这种情况下，孩子们会选择把老人送到养老机构，一般一个月一千多元，需要特殊护理的会贵一些，一个月三千多元。但说实话，老人们自己都不愿意进养老机构，我就和我闺女说，我老了你可不能送我进养老院，你要是没有时间照顾我，我就想办法自己解决了，也不去养老院。

不赡养老人的现象村子里也有，有些孩子把老人看作自己的负担，逃避赡养的义务。也有多子女家庭出现相互推卸赡养义务的现象，他们会以老人帮谁看孩子、做家务等理由，把赡养老人的责任推给自己的兄弟姊妹，最后老人落得无人赡养，独自生活的境地。

其实老人们总是害怕给自己的儿女添麻烦，怕拖累了孩子，即使他们想和儿女生活在一起也不会表达出来；即使想孩子了，想让他们回来看看自己，他们也不会明确表达出来。一般也不会主动问孩子们要钱，知道孩子们压力也大，逢年过节孩子们给上200块钱就都挺满足。

村里的独居老人

2019年7月14日至8月31日，坐标鲁中地区W镇Y村

2019年的暑期，研究所同学在Y村进行了为期一个半月的驻村调研，以下是他们写的调研札记。

村里很大一部分老人独自居住或者和孙辈居住。因村子位于丘陵地带，平原耕地面积小，耕地均坐落于村子四周的山上，自给自足没有问题，但是随着社会的进步和年轻一辈村民对生活水平提高的追求，越来越多的村民选择外出打工，甚至多年在外打工有积蓄的村民一度拖家带口留在了大城市。城市里的房子承载着三代人的梦想，老一辈的人拿出大半辈子的积蓄加上子女的努力，走出了大山定居在了城市，让孙子孙女接受更好的教育，生活在更好的环境。当一切都功德圆满，如释重负的时候，似乎老人又有些落寞，这和自己当初的愿望不太一样，和儿女不能朝夕相处，每次只有匆忙的通话，儿女也因大城市的压力和快节奏回家的次数变得屈指可数。城乡分居，老人留守成了村里主要的居住模式。就像村里的退伍老兵二爷爷说的"家里的地不能荒废，去城里住几天咱出门也找不到地方，还不如每天上地干点活舒服，种的菜也够吃的，挺好……他们享福就行……"其实老人心里也有点难过，但是一想到自己年轻时吃的苦，受的罪，就想让子女过得舒服点，把心里的念想也就压下去了。

村里的王奶奶在老伴去世之后便一个人居住在大儿子家的老房子里。王奶奶有五个儿子，老伴没去世之前，老两口一直住在四儿家，帮四儿看农用的机子，老伴过世后便被大儿子接到家里住了。王奶奶的医疗费用、生活费用均由兄弟五人平摊，平时生活就近原则。王奶奶平时需要置办家具，扯电灯一类的事情，都是大家凑一起弄。

王奶奶的状况就是村子里大部分老人的现状，儿女众多，却还是要自己度过大部分的老年生活。老人们都支持子女出去闯自己的世界，而子女也基本都能在物质上履行赡养的义务。而在精神上，老年人的孤独也成为不得不重视的问题。来自子女的精神慰藉是老人身心健康必不可少的重要因素。农村老人过惯了苦日子，对物质要求并不高，在能满足温饱的今天，老人渴望的往往还是子女的亲情。

"养儿防老"是中国农民在传统社会血亲价值观念支配下必然选择的养老模式。20世纪80年代的去集体化改革使农民家庭恢复成为一个生产单位，同时创造出了一些新的激励机制来促使农村家庭紧密团结成一个经济和社会交换的中心。农村父母供子女读书，为儿子盖房，也在家务劳动和照料小孩方面给已婚的子女（主要是儿子）帮忙。这些投资促进了代际间的依赖和忠诚，同时也成为父母在自己年老时向子女要求养老保障的正当理由。但是中国的经济改革使农村传统的"养儿防老"非正式制度受到了冲击，并对农村的养老模式产生了影响。

20世纪80年代之后的城乡大规模迁移造成的父母和成年子女的长时间分离，致使成年子女无法侍奉和照顾他们的父母。同时，城乡的迁移使农民工接触并了解了西方价值和现代文化，弱化了他们对孝顺的接纳程度及他们回馈父母付出的义务感。此外，中国在70年代开始实施的计划生育政策，使家庭养老保障人力基础受削弱。原本由多个子女共同赡养一个老人演变为现在的少数子女赡养多个老人，一对独生子女夫妇则要面临四个甚至四个以上老人的养老问题，从而加重了家庭"养儿防老"的人均负担。同时，未富先老、人口流动、安土重迁等因素也导致农村地区空巢家庭陷入"养儿防老"困境。

21世纪以来，父母与成年子女之间关于养老问题的纠纷越来越多，政府不得不通过采取签订家庭赡养协议的办法来解决问题，这些都表明了传统的"孝道"和情感联结已经弱化，"养儿防老"的家庭养老功能在经济供养或生活照料方面的不足。因此，进一步完善农村社会养老服务体系，构建以"底线公平"为基础的多层次养老保险制度，保障农村居民的养老保障权利，促进社会公平和可持续发展是政府在落实乡村振兴战略过程中必须要做好的工作。

乡村观察

背影

乡
村
社
会

Village

Observation

面子大于天

"面子"是中国人特有的一种文化心理现象。19世纪末,美国传教士明恩溥在《中国人的气质》一书中,指出面子是"打开中国人诸多重要性格的密码箱"[1]的钥匙,认为面子是中国人性格的重大特征。"面子"由此引起了中国作家(鲁迅、林语堂等)、西方社会学家(韦伯、帕森斯等)以及中国本土社会心理学者(黄光国、朱睿玲等)的重视。当然对"面子观"的系统思考则主要由本土社会心理学家展开,主要围绕"面子"是什么?"面子"如何影响中国人的价值和行为?"面子"在村庄社会中的作用机制等问题进行了一系列的探索。[2]

"面子"作为社会学家研究乡村治理的一个关键词汇,也是我在

---

[1] [美]明恩溥:《中国人的气质》,刘文飞、刘晓旸译,译林出版社2011年版。
[2] 本土社会心理学方面的论述,参见《中国社会心理学评论》第2辑,社会科学文献出版社2006年版;杨国枢主编:《中国人的心理》,江苏人民出版社2006年版;黄光国主编:《面子与人情——中国人的权力游戏》,中国人民大学出版社2010年版;翟学伟:《中国社会中的日常权威——关系与权力的历史社会学研究》,社会科学文献出版社2004年版;翟学伟:《中国人的脸面观——形式主义的心理动因与社会表征》,北京大学出版社2011年版,等等。

村庄调研中听到村民讲的高频词之一。

2018年7月24日，坐标鲁西北地区Q镇X村

牛叔今天不高兴，说镇上某部门欠了好多年的10万元工程款，今天被外甥女婿给要回来了。这本该是个高兴的事，牛叔咋还生气了呢？牛叔外甥女玲姐讲：

> 我叔（姨夫）昨晚来家里串门，说起我姨最近生病住院，家里经济紧张，某部门的欠账到现在也追不回的事情。我老公因为工作关系正好认识那个部门的相关领导，这不就给人家说了一声，讲了讲姨妈家里的困难情况，就把钱给要回来了。本来以为我叔会很高兴，但是我叔（姨夫）却觉得自己这些年在当地也算是个走南闯北见过世面的"能人"，怎么自己要账这么多年对方都不付钱（还款），结果外甥女一句话就给了呢？这不是对方不给他面子，他面子不大嘛！所以钱虽然要回来了，他却认为丢了面子，不高兴。

2019年1月26日，坐标鲁中地区X镇F村

一大早村里就因村民J的宝马车热闹起来了。你听说J买了辆50多万元的宝马车了吗？啧啧！你看看，J的妈妈真是命好啊，生了个这么有本事的儿。哎，人比人该死啊，咱就木有（没有）那命喽。

J我是知道的，L村里的能人，在城里开了个木材厂，专门经营木材生意。6月的时候他被人骗，亏了生意，特意来问我是否有城里比较好的律师给他推荐，因此，也算和他熟悉一些。我很好奇，怎么6月亏了生意的人，7月就买了宝马车在村里引起轰动了呢？于是我打了J的手机，问他生意怎么样了？J这样给我解释：

我们这种做生意的，经常会亏钱，但为了面子必须硬撑着说自己多么发财，还要证明自己真的发了财。越是亏钱的时候，就越得表现自己多么有钱。所以我就贷款买了这辆车，就为了开回家能给我爷和我奶两个老人家挣点面子。孙子有出息，过年出来打麻将的时候也不至于没啥唠啊。当然，我现在也愁啊，我必须尽快打赢官司，把丢的钱要回来，要不让村里人知道咱打肿了脸充胖子，笑话啊（丢面子）。

2018 年 7 月 25 日，坐标鲁西北地区 Q 镇 S 村

今天在 S 村，正好碰上回乡探亲的 M，M 给我讲了一个故事。

M 是 S 村走出的有志青年，全村人都称赞他有本事，四十来岁就当上某局的局长。前段时间村里一个老乡 X 找到他，叫他叔，当然少不了套近乎，说给你孙子 G 找个工作吧。M 满口应下，因为找个工作对他来说就是一句话的事，能赚个面子，给老家的父母增光。也没细问孩子的情况。

很快，他给孩子找了一份保安的工作，G 一家人自然感激 M 的恩情，在村里经常称赞 M 有本事，给老乡办事，爱面子。M 的父母知道后，感觉很有面子。

可这个孩子 G 不让人省心，脑子很好使，但不往正地（好事情）上用，他和单位的现金出纳混熟悉了，有一次发现出纳办公桌有一张 5 万元的支票，他就偷拿了，让他妹妹 Q 假扮成会计的形象，提取了这 5 万元。

案发后，警方发现了疑点，通过比对监控录像，发现取款人不是出纳，经过反复研判，最终锁定在 G 身上。警方考虑到 G 与 M 的关系，不想直接拘留 G，想通过 M 做工作，让他自首，只要

拿回钱，尽可能大事化小，小事化了。M知道后，非常吃惊，找到G的家人，晓之利害。但G一口咬定没有干坏事。M将情况反馈回去，警方一度怀疑M暗中指使G，或与他有利益输送关系。在M家中安装了窃听器。当然没有窃听到什么线索。

后来，警方在比对监控时，发现了G的父亲出现在取款现场的角落里，以此为突破口，顺藤摸瓜，一举破了案。M因为此事，悔青了肠子。为了面子，让自己受到牵连，这怨谁呢？还是因为自己看人不准，为了面子，不做调查就无原则地给老乡谋利益。他痛定思痛，以后再也没做过类似的傻事。

2019年7月16日，坐标胶东地区D镇L村

今天同来自北京高校的农经专家及文化公司的老总们一行20余人在L村考察乡村文化建设。来之前就听说L村之前是个"穷脏乱"的落后村，现在却成了新时代文明实践村。进村之后只见条条村路干净整齐，温馨宁静的居民住宅里窗明几净，干净整洁，院内院外看不到任何垃圾。村支书老高是个50多岁的女性，她动容地给我们讲述了L村的蜕变之路。

> 原先村里有4个保洁员，每年支出4万多元，卫生还收拾不及。现在我们村里已经三年没有请专职保洁员了，因为人人都是保洁员，这样村集体不仅省下了保洁费用，环境卫生更是越来越好。环境卫生由原先的"四人管"到如今的"人人管"，就是我们村焕然一新的秘诀所在。开始的时候我们把全村分为6个小区，每个小区由党员和村民代表自发组成了10多个人的卫生志愿服务小队，负责对辖区的卫生进行清理。一开始村民们都在观望，但慢慢地就自觉加入进来了，大家都觉得别人干自己不干，

那就是自己觉悟不如别人高，没有面子。卫生清理好了，大家也都不好意思再乱扔乱倒，乱扔垃圾就是素质不如别人，也没有面子，就这样，很快村里的卫生状况有了一个大改变。后来我们又综合村民在积极参加维护环境卫生等新时代文明实践服务活动情况来评星定级，最高五星级拿最高的福利，四星级福利就少一点，三星级则没有任何福利。其实，五星级和四星级就是差几斤鸡蛋的事，但村民更在乎的是面子，都想通过自己的努力达到五星级。街面上干净了，院子里、屋子里也要整洁起来。我们又积极响应市里开展的"清洁家园"活动，让讲文明讲卫生的好风气进家入户。在整治过程中，通过双向选择将重点整治户与村民代表或党员结成了帮扶对子，由帮扶者定时上门帮助清理或者督促保持卫生，确保整治成果。经过两年多的帮扶，村民们都能自己想方设法地把自家卫生保持好，因为大家觉得如果家里卫生再搞不好，不仅给帮扶者丢面子，也给自己丢面子。

"面子"是村民们在与他人交往时，首先要考虑的问题。当他们主观地觉得"失去面子"的时候，他的自尊心就会受损，造成情绪的不平衡。他们每做一件事情，首先考虑的都是，做这件事情有面子吗？这样做有面子吗？我如果不这样做是不是就会丢了面子？我如果不这样做是不是丢了他（拜托方）的面子？面子不仅会牵扯到他在当地的地位高低，而且会影响到别人对他的接受程度，甚至会给他带来享受特殊权利的资格。所以他们要积极地运用各种面子工夫来"争面子"。[1] 村庄中的"面子"机制同城市中的权利义务机制有异曲同工之妙。[2] 为了能赢得足够的面子和社区地位，人们往往不得不"打肿

---

[1] 朱瑞玲：《有关"面子"的心理及行为现象之实证研究》，博士学位论文，台大心理研究所，1983年。
[2] 陈柏峰：《半熟人社会——转型期乡村社会性质深描》，社会科学文献出版社2019年版。

脸充胖子"，为了面子可以不顾"里子"。如 X 村的牛叔和 F 村的 J。

"面子"还是个体在具体社区里形成的"印象整饰"，① 生活中给不给面子是个体在具体交往情境中针对交往对象做出的个体化选择，张三给李四面子，并不意味着给王五面子。比如 X 村牛叔讨债这事儿，欠款部门给牛叔外甥女婿面子，而不给牛叔面子。同时，具有"象征资本"的意味，② 它蕴含着非常生活化的地方性规范，弥散于人们的日常生活与交往之中，内化为人们的"习性"。③ 如 L 村的村民在对待公共卫生和家庭卫生问题上的态度改变。

费孝通先生说，乡村社会是农民社会生活的主要实践场域，是乡土社会，是一个典型的"熟人社会"。④ 在熟人社会中社会关系的特点就是翟学伟概括的"无选择性和长期性"，在这种生活场域里"做人"就成为农民在村落立足的重要依据。⑤ 而如何"做人"所针对的对象也并非某个个体，而是要在村落立足。⑥ 因此，在村落中的做人规矩就可以称为具有"地方性共识"的"面子观"。但自 20 世纪 90 年代以来，随着经济发展和农民流动增加，社会变迁中的乡村社会显然已不是费孝通先生笔下的熟人社会。对于大多数在城乡之间流动的农民来说，村庄已不再是他们主要的生活空间，他们甚至常年不返乡。乡村社会呈现明显的"半熟人社会化"⑦ 趋势和"无主体熟人特征"⑧。农民的熟悉程度降低，地方性共识也在剧烈变动中减弱甚至丧

---

① 欧文·戈夫曼：《日常生活中的自我呈现》，冯钢译，北京大学出版社 2008 年版。
② 皮埃尔·布迪厄：《实践感》，蒋梓骅译，译林出版社 2003 年版。
③ 董磊明、郭俊霞：《乡土社会中的面子观与乡村治理》，《中国社会科学》2017 年第 8 期。
④ 费孝通：《乡土中国》，上海人民出版社 2007 年版。
⑤ 王德福：《做人之道：熟人社会里的自我实现》，商务印书馆 2014 年版。
⑥ 贺雪峰：《南北中国》，社会科学文献出版社 2017 年版。
⑦ 贺雪峰：《农村半熟人社会化与公共生活的重建》，载黄宗智主编《中国乡村研究》（第六辑），福建教育出版社 2008 年版。
⑧ 吴重庆：《无主体熟人社会》，《开放时代》2002 年第 1 期。

失了约束力。但如牛叔、村民 J 和 L 村的案例一样，并不能据此认为乡村社会对农民行为逻辑的影响已不重要，而更有趣的是乡村社会的面子观和农民的面子竞争行为展现得更为淋漓尽致。

最后，用我的老同学 YJ 同志发给我的一段话来做本篇结尾。

> 有时，面子规则大于政府规则；有时，面子规则大于自己的切身利益；有时，面子会起正面引领作用；有时，面子也会拖后腿。乡村社会决策，要把村民的面子当成重要因素，让面子规则与政府规则尽可能不发生冲突。同时，还要通过舆论引导，塑造新时代面子标准，把以"炫富、炫权、炫外在"的面子观，转化为与社会主义核心价值观相统一的面子观，孝老爱亲有面子，书香门第有面子，见义勇为有面子，扶贫助困有面子，遵纪守法有面子。

家有喜事村里要布置，家里也要布置，酒店还得布置（村口）

人情不好还

费孝通先生在《乡土中国》中提出了"熟人社会"这个概念,认为中国社会是乡土性的,人们被束缚在土地上,地方性的限制所导致的"熟悉"成为乡土社会的重要特征。"熟人社会"是费孝通先生对传统中国乡村社会性质的经典概括,已成为描述中国乡村社会性质的经典理论模型。

乡土社会的生活是富于地方性的。地方性是指他们挪动范围有地域上的限制,在区域间接触少,生活隔离,各自保持着孤立的社会圈子。乡土社会在地方性的限制下成了生于斯、死于斯的社会。常态的生活是终老是乡。假如在一个村子里的人都是这样的话,在人和人的关系上也就发生了一种特色,每个孩子都是在人家眼中看着长大的,在孩子眼里周围的人也是从小就看惯的。这是一个"熟悉"的社会,没有陌生人的社会。生活上被土地圈住的乡民,他们平素所接触的是生而与俱的人物,正像我们的父母兄弟一般,并不是由于我们选择得来的关系,而是无须选择,甚至先我而在的一个生活环境。在一个熟悉的社会中,我们会得到从心所欲而不逾规矩的自由。这和法律所保障的自由不同。规矩不是法律,规矩是"习"出来的礼俗。从俗即是从心。换一句话说,社会和个人在这里就通了。①

在熟人社会中,从"熟悉"到"信任""规矩",其背后到底是什么呢?是亲密!

> 熟悉是从时间里、多方面、经常的接触中所发生的亲密感觉。这感觉是无数次的小摩擦里陶炼出来的结果。在"面对面的社群里",熟悉的人之间甚至可以不必见面而知道对方是谁,足气、生气,甚至气味,都可以是"报名"的方式。②

那么,熟人社会是如何可能的?费孝通认为熟人社会是"礼俗社会",与"法理社会"中的"权利"内涵不同,"人情"构成了熟人社会表达自身社会性质的内核,是"礼俗"的基本内涵。人情取向的乡土逻辑是熟人社会的秩序产生的核心机制,主要包括熟人之间的"情面原则""情面原则"衍生出的"不走极端原则"、"乡情原则"和对待陌生人的"歧视原则"。③

人情与社会、人情与熟人社会,有着实践上和理论上的关联。人情不仅是人情本身,也是一种社会心理现象、一种形态,一套社会制度和文化。

---

① 费孝通:《乡土中国　生育制度》,北京大学出版社1998年版。
② 费孝通:《乡土中国　生育制度》,北京大学出版社1998年版。
③ 陈柏峰:《半熟人社会——转型期乡村社会性质深描》,社会科学文献出版社2019年版。

农村社会中的人情分为仪式性人情和日常性人情。仪式性人情是指农民在办人生大事时举行的仪式和宴席活动，随着礼物交换和人情交往。日常性人情则是农民在日常生活中具有人情意味的互助合作行为。

仪式性人情中的人物关系由主人、客人、帮工和知客四个基本组成部分构成。主人是指办理仪式和演习活动的人。客人是仪式和宴席活动的参与人，通常由邻居、亲戚、朋友等组成。帮工是那些在仪式和宴席活动中帮助主人办理事务的人，多是由村里的人和亲戚组成。知客也属于帮工，但知客是那些有办理仪式和宴席活动经验或者说专业知识的人，起着协调整合、分工组织、引导指挥的作用。通常有下述事情时会举行仪式：结婚、丧葬、小孩满月、建房、过寿等，其中结婚和丧葬也就是红白喜事是农民生活中最重要的人生仪式。

人情往来的规则和机制是仪式性人情的灵魂。在熟人社会中，"人情"同时兼具情感、关系和规范三个层面的意义，不过，它首先指的往往不是自然情感，而是人与人之间的关系。① 人与人之间的关系，最经典的解说要算费孝通的"差序格局"理论。

> 我们的社会结构格局不是一捆一捆扎清楚的柴，而是好像把一块石头丢在水面上所发生的一圈圈推出去的波纹。每个人都是他社会影响所推出去的圈子的中心。被圈子的波纹所推及的就发生联系。每个人在某一时间某一地点所动用的圈子是不一定相同的。我们社会中最重要的亲属关系就是这种丢石头形成同心圆波纹的性质。亲属关系是根据生育和婚姻事实所发生的社会关系，从生育和婚姻所结成的网络，可以一直推出去包括无穷的人，过

---

① 陈柏峰：《半熟人社会——转型期乡村社会性质深描》，社会科学文献出版社2019年版。

去的、现在的和未来的人物。我们俗语里有"一表三千里",就是这个意思,其实三千里者也不过指其广袤的意思而已。这个网络像个蜘蛛的网,有一个中心,就是自己。我们每个人都有这么一个以亲属关系布出去的网,但是没有一个网所罩住的人是相同的。在一个社会里的人可以用同一个体系来记认他们的亲属,所同的只是这体系罢了。体系是抽象的格局,或是范畴性的有关概念。当我们用这体系来认取具体的亲亲戚戚时,各人所认的就不同了。我们在亲属体系里都有父母,可是我的父母却不是你的父母。再进一步说,天下没有两个人所认取的亲属可以完全相同的。兄弟两人固然有相同的父母了,但是各人有各人的妻子儿女。因之,以亲属关系所联系成的社会关系的网络来说,是个别的。每一个网络有个"己"作为中心,各个网络的中心都不同。在我们乡土社会里,不但亲属关系如此,地缘关系也是如此。以"己"为中心,像石子一般投入水中,和别人所联系成的社会关系,不像团体中的分子一般大家立在一个平面上的,而是像水的波纹一般,一圈圈推出去,愈推愈远,也愈推愈薄。①

传统社会的"差序格局"是认识农村社会关系的基础,也是理解农民人情往来的基本规则。换言之,"人情法则"不仅是一种用来规范社会交易的准则,也是个体在稳定及结构性的社会环境中可以用来争取可用性资源的一种机制。② 强调在差序性结构的社会关系内,用不同的标准来对待和自己关系不同的人。以血缘关系为基础的人情往来在于人们会严格按照亲疏远近的原则来进行,亲的多送,疏的少送,越亲的人随礼也越多。

---

① 费孝通:《乡土中国 生育制度》,北京大学出版社1998年版。
② 黄光国等:《面子与人情——中国人的权力游戏》,中国人民大学出版社2010年版。

从经济功能角度看，作为习俗，"人情"是一种互助机制。人们可以将随着生命周期变化而来的办大事的压力，较为均匀地分布到日常生活中去。

从社会功能角度看，"人情"是一种维护社会团结的机制。在熟人社会内部，每个人与其他人之间都有着"人情"上的"给予"与"亏欠"关系。正如费孝通先生所说："亲密的共同生活中各人相互依赖的地方是多方面和长期的，因之在授权之间无法一笔一笔地清算往回。欠了别人的人情就得找一个机会加重一些去回个礼，加重一些就使对方反欠了自己一笔人情，来来往往维持着人和人之间的互助合作。"[1] 因为这种"亏欠"相互之间才有了"情分"，村庄才构成了"自己人"的社会。

在仪式性的人情场合中，来客与帮客的多少及客人随礼的多少可以展示办事村民在村里的势力。来客和帮客越多说明办事村民势力越大，势力越大来客随的礼金也就越多。就像费孝通先生所说："有势力的人家街坊遍及全村，穷苦人家的街坊只是比邻的两三家。"[2]

20世纪80年代以前，人们只在结婚、孩子满月、盖房子、老人去世等人生大事时举行仪式，一个家庭一辈子也办不了几次人情仪式。但随着经济社会的发展，广大农村地区人情尤其是仪式性人情发生了很大异化，名目繁多的人情礼金债"还不起"的现象普遍发生，几乎到了无法忍受的地步。

2019年7—8月，坐标鲁中地区Y镇L村

L村的XH同学是我的学生，参加了山东新型城镇化研究所组织的"乡村观察"大学生返乡调研活动。下文修改自他的调研札记

---

[1] 费孝通：《乡土中国　生育制度》，北京大学出版社1998年版。
[2] 费孝通：《乡土中国　生育制度》，北京大学出版社1998年版。

《还不起的人情》。

我们村的村民每年都会因为各式各样的庆祝酒宴或者是过节活动产生的不同种类、数额较大的人情彩礼债,这让原本就不富裕的农村家庭纷纷抱怨:这么多的人情彩礼债"还不起啊"!

现在每家的开支,排在第一位仍旧是食品,但是原先位居第二的医疗支出现在已变成了人情礼金支出。尽管很多人不愿承担这种人情债,但是迫于现实环境又不得不随大溜。

首先是"教育人情债"。教育在我们村的受重视程度越来越高,每个家庭都尽全力支持孩子外出上学。所以哪家的孩子只要是考上大学甚至是当地的重点高中,家里人都会为其举办一场浩大的庆祝酒宴,到时候就会邀请村庄的大部分人前往庆祝,而且其他人多多少少会带着一种奉承的心态前去,认为这家的孩子以后会有大出息,所以提前买一下账。既然是庆祝,那么去的人多少得带点东西,这些成本村民们只能从自己孩子身上折返回来,一来二去就形成了"教育人情债"。尤其是暑假那段时间,"升学宴"举办的次数最多。这几年"升学宴"规模越来越大,以前宴请的对象主要是亲戚朋友,现在基本包含全村的人,如果是未出五服的本家人,觉得礼金如果少的话会影响他们的亲戚关系,还不能随得太少,怎么也得300元以上。

其次便是"结婚人情债"。结婚虽然花费巨大,但是也能收回一些费用。在结婚时,村里的乡亲都会为新人们随份子,而且数量根据与其亲密关系决定,数量通常在200—1000元不止。即使是自己身在外地或是有事赶不到,但份子钱一定要到。虽然年轻的小两口不认识一些岁数较为年长的村民,但是碍于父母的情面都会随上不定数量的礼金。同样,在他们孩子结婚的时候父母会返回同等数额甚至高于所接受数额的礼金。如此一来，村民们在加深彼此关系的同时也背负上了巨大的人情债务，虽然有望在日后能够收回，但是对于现阶段的家庭而言仍然是一笔较大的开支。

  以前结婚随份子的人基本是亲戚朋友还有村里没出五服的本家人，现在喝喜酒扩大到了全村，至少同一大队的人（农村地区的自主划分形成的区域）。村里的人吃喜宴是在结婚当日的傍晚时刻（亲戚朋友吃喜宴是中午），结婚的人家会把全村或者同一大队的村民召集起来一起吃一顿喜宴。参加喜宴的人都会事先预交费用再食用，数额也是由每人 50 元到现在的每人 100 元，一桌酒席人数通常有 10 个人，一桌饭菜的成本为 300 多元，所以宴请方也能赚不少钱。虽然每次喜宴随的份子钱数额不多，但是通过次数的累加，这对于农民们来说也是一笔沉重的人情债负担。

  与此相对应的便是丧葬礼了。这和婚宴的道理相似，村民们在吊唁去世者的时候都会带去一定量的金钱用来随丧礼。受传统宗族思想的影响，通常随礼的时候都是近亲们单独随礼，所以这个额度是非常大的，一般不低于 500 元。对于收入有限的乡民们而言这也是一项让人无法拒绝的人情债。

  再者便是孩子的满月酒。我们村的村民们都非常重视小孩的满月酒，在小孩满月的时候都会选择好好地举办。其实在办满月酒的时候基本不用邀请，亲朋好友们都会记得并且主动过来，仿佛这已经成为一种风俗。亲戚朋友到了以后会先看一下孩子，把对孩子寄予的平安都会放在红包里交给孩子的妈妈，接着一起喝一顿孩子的喜酒然后就离开了。事实上对于懵懂的孩童哪懂得这些礼节，这大多都是看在孩子的父母或者爷爷奶奶的面子上前来庆祝。当然了，礼尚往来的习惯也是使他们前来庆祝的原因。不论他们为何而来，但对于这项人情债的成本依然是比较高的。

最后便是逢年过节时的礼物往来和压岁钱。节庆日的时候村民们通常都会有一些礼物的来往，比如说中秋节和过年的时候。对于年轻人来说他们怕被老人看不起，所以送的礼物数量是既多又贵。同时呢，老人们作为返还会给年轻人的孩子们一定数量的压岁钱，这样的话既体现出年轻人对老人的尊重又体现出老人对小辈的关爱。但这个成本是昂贵的，一到年关送礼的时候对于年轻人来说就是一个沉重的负担，但这个成本由于人情的不可拒绝性也是不可舍弃的。

村里以前都是老辈人给小辈人发放压岁钱，而且是已经成家立业的老辈，但是近年来普遍出现了只要是比孩子岁数较大的成年人，只要是在外面打工无论是同辈还是没有成家的年轻人都会给岁数较小的孩子发放压岁钱。这对于年轻人来说是个不太好的现象。他们或许刚刚就业，工资不高，但是过年的时候却还要支付一笔不小的费用，这对于他们来说是一种压力，但是这笔费用又不可避免。所以对于这条不可避免的人情债礼金，少数就业年轻人以工作为借口不回家过年，独自一人在外工作或者外出旅游。

纠纷咋解决

传统乡村社会以自然村落为基本地域单位，由若干个相对独立的家户组成。家户是村落社会的细胞，也是国家治理的根基。家户作为基本的生产经营单位，必须对外进行生产交往与生活交往来满足其自身的各种社会需求。这个过程中就会不可避免地常常与其他家户产生冲突、矛盾或纠纷。纠纷的解决就成了乡村社会治理的主要事务之一。① 那么，村落社会的矛盾纠纷是如何得以治理的呢？

费孝通在《乡土中国》中，对中国乡村社会进行了经典的描述和概括，揭示出其中内在的生活逻辑。"乡村里的人口似乎是附着在土地上的，一代一代地下去，不太有变动"，因此"乡土社会在地方性的限制下成了生于斯、死于斯的社会"。"这是一个'熟悉'的社会，没有陌生的社会"，这种"熟悉是从时间里、多方面、经常的接触中所发生的亲密的感觉"。这种静态的"熟人社会""亲密社群"的基本结构是"一根根私人联系所构成的网络"，"这网络的每个结都附

---

① 李华胤：《授权式协商：传统乡村矛盾纠纷的治理逻辑及当代价值——以鄂西余家桥村"说公"为例》，《民俗研究》2020年第1期。

着一种道德要素"。同时,"亲密的共同生活中各人互相依赖的地方是多方面和长期的",因此彼此间的交往更注重人情、感情的维系。在这样的社会里,社会秩序主要依靠老人的权威、教化以及人们对社区习惯、规矩的主动服膺(从俗即从心)来保证。①

中国的传统乡村有着深厚的社会土壤,村民不必依靠强力性的外来王法来维持彼此之间的关系,他们通过乡村社会中的非正式制度或规范,来解决乡村社会的矛盾与纠纷,维护乡村共同体内部的秩序。②这些制度或规范则被费孝通称为"礼俗",这些"礼俗"是村落社会的内生性规则,是村落矛盾纠纷解决的主要规则,直接带来了"皇权不下县"的乡村自治有效。林语堂在《中国人》中深刻地描述了中国人,以非凡的洞察力阐释了中国的社会、历史和文化。他指出:"乡村由长者凭借自己的年岁从精神上予以领导,也由绅士们凭借自己对法律及历史的知识从精神上予以指导。"③认为乡村社会中的"权威精英"(长老、族长、绅士等)是乡土社会的矛盾纠纷治理主体,乡村社会矛盾纠纷的治理主要依赖于乡村"权威精英"的介入。

正如以上研究,关于传统乡村社会矛盾纠纷治理的研究,中国学者基本都持相同的观点,那就是"自治"。这种"自治"的方式强调了"乡村权力主体"或"内生于乡村社会的规则、伦理道德规范或舆论"在矛盾纠纷治理中的积极作用,体现出一种"权力主体主动性介入"的特点。④强调传统乡村的礼治秩序和现代司法制度与乡土社会的种种不适。

总的来说中国传统乡村社会的矛盾纠纷具有乡土性,影响乡村社

---

① 费孝通:《乡土中国》,上海人民出版社2007年版。
② [德]马克斯·韦伯:《儒教与道教》,洪天富译,江苏人民出版社1997年版。
③ 林语堂:《中国人》,浙江人民出版社1988年版。
④ 李华胤:《授权式协商:传统乡村矛盾纠纷的治理逻辑及当代价值——以鄂西余家桥村"说公"为例》,《民俗研究》2020年第1期。

会矛盾纠纷和谐解决的文化因素很多,但主要是礼治、无讼、脸面与公道等。

礼治就是对传统规则的服膺。乡村社会的乡民们在社会关系的处理上都遵循着一定的规则,这些规则内化于心,外化于行。强调"以礼而治"来维持社会秩序。一旦发生纠纷,往往是请家族中德高望重的长者或族长出面调解,长者或族长依"礼"判断是非。

无讼是乡土社会追求的理想状态,强调维持礼治秩序的理想手段是教化,而不是折狱。追求远离法庭,人与人之间依礼而行,和睦相处的理想状态。在现实生活中,民众公认发生纠纷争讼就是"滋事生非",提起诉讼的人会被认为是爱滋生事端的"败类",而被诉的一方则认为被诉讼是对自己的莫大侮辱。认为社会在社会结构和思想观念没有发生相应变化之前,司法下乡会产生很特殊的副作用,它破坏了原有礼治秩序,又无法建立起法治秩序。[1]

脸面与公道是指中国人自古爱面子。在乡村社会,民众解决争端首先想到的是"情面"下的"公道",而不是"诉讼"下的"公正"。诉讼因其固有的弊端并非乡民解决纠纷的首选方式,他们更乐于选择调解的方式来解决纠纷矛盾。调解具体方式主要有调解纠纷、和解息诉和仲裁、公证调解纠纷。

当今的乡村社会在经历了一系列社会变革之后,乡村秩序的构建基础及机制都已发生巨大变化。与费孝通"乡土中国"的理想类型不同的是当今乡村社会中的农民由于职业的变迁,在价值观念、行为逻辑和联结模式上都发生了质变。传统熟人社会的感性价值中逐渐融进城市陌生人社会的理性价值,乡村法律实践的场景和逻辑也随之发生变迁。农村社会陷入一定程度的内生力量无法有效整合秩序的失序状

---

[1] 陆益龙:《乡村民间纠纷的异化及其治理路径》,《中国社会科学》2019年第10期。

态，呈现出"结构混乱"，而非仅仅是"语言混乱"，农村矛盾纠纷也呈现出种类多样、主体多元、生成原因复杂等新变化。一方面，农村的社会结构、价值观念的剧变，加剧了法律的荷载。国家法律日益成为维护社会秩序、促进社会和谐、保障新农村建设的不可或缺的力量，"迎法下乡"已有了现实需求。[①] 另一方面，在中国乡村社会特有的深厚的协商土壤基础之上，孕育出了多种形式的"矛盾纠纷"治理协商机制。这些协商机制既不依赖于村落权威主体的主动介入，也不依赖于家户普遍遵守的地方性规则和村落范围内的舆论力量，而是依赖于一套完整的机制体系，如"说事拉理"理事会、农村"三老"理事会、"和事厅"、"乡贤说事堂"等议事模式。

2019年7月2日，坐标鲁中地区Y镇M村

今天，Y镇M村与L村发生了一起汽车与三轮摩托车刮擦，撞伤一男孩的交通事故，双方就医药费等问题发生了纠纷。双方多次协商不成，伤者家属便召集"亲朋好友"20余人到肇事者家中闹事，期间给对方毁坏了部分家具和门窗。后来双方在"村、组"两级理事会人员的劝说下到该镇"说事拉理"理事会解决，通过说事拉理，双方达成协议，肇事方同意了对方的赔偿请求，双方喝了一餐"和解酒"后，握手言和。

2019年8月9日，坐标鲁中地区Y镇W村

今天和耿老师开着车顺着104国道一路向西，看到村庄便沿路停靠进村，W村就是104国道边上的村庄。进村之后正是下午1点钟的时候，几个村民在胡同里支着桌子打牌，我们就上前和他们聊天。

---

① 董磊明等:《结构混乱与迎法下乡——河南宋村法律实践的解读》，《中国社会科学》2008年第5期。

W村是个人口近万人的大村落,全村2000多户人家。由于人口众多,社情复杂,村民之间的矛盾纠纷较多,社会治安状况较差,是个出了名的"老大难村"。针对这些情况,该村按照"民事民办、民事民治"的原则,由村民代表选举产生5—10名"三老"人员组成理事会,积极为群众调处矛盾纠纷。

近年来,"三老"理事会成员经常进村入户宣讲国家政策和法律法规,及时排查社会矛盾和安全隐患,主动调解群众矛盾纠纷,消除矛盾隐患,先后主持和参与调解各类矛盾纠纷千余件,调解成功率98%,调解协议履行率100%,经他们调解的矛盾纠纷没有一起转化成刑事案件,没有一起因调解不当而引发上访,真正做到了小事不出村、大事不出乡、矛盾不上交、平安不出事。目前"三老"理事会基本形成了纵向延伸到村组(社区),横向覆盖村民(居民)、涵盖农村社会矛盾纠纷预防、排查、调解和回访等全流程管理的网络框架。形成了可复制、可推广的农村矛盾纠纷调解新模式。

2020年10月19日,坐标鲁西北地区Q镇X村

牛叔家的大姐今天打电话,和我聊了村里发生的一起纠纷案。下面是大姐的描述。

> 吴大爷是村里的能人,年轻时候在城里做生意赚了大钱,然后在57岁的那年返乡创业,做乡村规划项目。65岁那年,吴大爷的老伴因病逝世,吴大爷便开始了他的找老伴之旅。吴大爷这种有钱的老头,在乡村再婚市场中还是很受欢迎的,乡里乡亲们给吴大爷介绍对象的很多,但吴大爷一个也没有瞧上。60岁以上的怕后面生活过程中得重病,还得给她使唤,给孩子们增加赡养压力,这种不行。有儿有女需要给儿女看孙子的,这种没时间照

顾吴大爷，不行。性格活泼的怕作风不好，不行。不善言辞的老实女人没有见识，不行。这个不行，那个不中。谁也没想到这个过程中，吴大爷竟然和一个40多岁的保姆好上了。这个保姆已婚，1个女孩，对象是残疾人。她平时在县城做居家保姆，一周休一天。吴大爷是在群里加的她好友，说是想请教她如何做饭，一来二去的吴大爷对这个保姆产生了感情，保姆不知道是为了骗吴大爷的钱啊还是真的也喜欢吴大爷，两人就那么好上了。吴大爷先后给保姆买了一辆电动汽车（5多万元），买了一份医疗保险（保费2.8万元）。保姆每个周天休息的时候就到吴大爷家住一天，你知道，在农村，根本就没有秘密，什么事一下就传开。没几天，吴大爷在城里工作的四个孩子很快就知道了父亲和这个保姆的关系。然后，家里自然就闹起来了，孩子们说要么结婚，要么分手。但吴大爷就说孩子们不孝顺，一个好东西没有。中秋节那天，老大来给吴大爷送礼的时候，恰巧碰上吴大爷和保姆在家，老大说了一句："你一个已婚女性和我爹在一起，你是怎么想的？你不是骗钱吧？"老头一听，拿起棍子就打了老大一棍子，老大哭着走了以后，有一个月的时间，孩子们都不理吴大爷了。一家人都像仇人一般，孩子们说没有这种爹，爹说没有这种孩子。但在这一个月的时间里，据说是保姆的父亲生病，要花不少钱，保姆不停地问吴大爷要钱，吴大爷经常去银行给保姆转款，就引起银行营业员的注意了，就把吴大爷经常给保姆转钱的事告诉了吴大爷的二闺女，于是老二就找了一个律师，老大就带着他侄子和几个壮小伙，一起在吴大爷家里把这个保姆堵住了。律师在法律上分析保姆这是犯法，侄子们则吓唬保姆，要么你保证你会离婚和吴大爷结婚，要么我们就一起到你闺女婆家和你闺女婆婆聊聊你和吴大爷这事。这时候保姆果然就说了实话：和吴大爷在一起确实就是想弄点钱,自己不可能和吴大爷结婚的。随后,律师给吴大爷提出了建议:立马和保姆分手,然后正儿八经地找个老伴。基于现在确实无人照料生活,可以请个保姆来照顾自己,但保姆最好是干白天,不要居家 24 小时保姆。孩子们平时和吴大爷不能沟通的事,一下子就解决了。

新时代的乡村振兴战略提出,建立乡风文明、治理有效的宜居乡村,这就需要重构乡村秩序,创新社会治理,探讨乡村社会转型背景下乡村社会矛盾纠纷治理机制及法律性问题。2019 年 6 月中共中央办公厅、国务院办公厅印发《关于加强和改进乡村治理的指导意见》,明确提出到 2035 年"党组织领导的自治、法治、德治相结合的乡村治理体系更加完善"。强调了"自治、法治、德治"三治融合的乡村治理体系基础,坚持以自治为基、法治为本、德治为先,健全自治基础,强化法律地位,让德治滋养法治、涵养自治,贯穿乡村治理全过程。当前,中国乡村社会矛盾纠纷治理机制的建构,正在经历一个漫长的生成与发展过程,新老问题交错,面临诸多困境,呈现出"知行偏差""供需失衡""责任错位""主体分散"等发展偏差。[1]《关于加强和改进乡村治理的指导意见》指出,建立健全党委领导、政府负责、社会协同、公众参与、法治保障、科技支撑的现代乡村社会治理体制,以自治增活力、以法治强保障、以德治扬正气,健全党组织领导的自治、法治、德治相结合的乡村治理体系,构建共建共治共享的社会治理格局,走中国特色社会主义乡村善治之路,建设充满活力、和谐有序的乡村社会。这为新时期乡村社会矛盾纠纷的治理实践发展指明了转型方向,明确了具体着力点。

---

[1] 陈荣卓、刘亚楠:《新时代农村社区矛盾纠纷有效治理机制建设研究》,《理论月刊》2019 年第 11 期。

年节与磕头

乡村民俗在中华民族已经有了几千年的历史，流传下来了很多节日、习俗。中国传统节日形式多样、内容丰富，是中华民族悠久历史文化的重要组成部分。中国的传统节日我们熟悉的有春节、元宵节、清明节、端午节、七夕节、中秋节、重阳节、腊月等。其中清明节与春节、端午节、中秋节并称为中国四大传统节日。

春节是正月初一，也即"年节"，是中国最古老盛大的传统节日，是阖家团圆的日子，也是民间一年之中最重要的节日。

元宵节是正月十五，是中国的传统节日，所以全国各地都过，大部分地区的习俗是差不多的，但各地也还是有自己的特点。吃元宵、赏花灯、舞狮子等是元宵节的几项重要民间习俗。清明节是公历4月5日前后，祭祖思远。端午节是五月五，纪念屈原。

清明节是源自上古时代的祖先信仰与春祭礼俗，兼具自然与人文两大内涵，既是自然节气点，也是中华民族传统隆重盛大的春祭节日。在仲春与暮春之交，也就是冬至后的第108天，在每年公历4月5日前后。清明节又称踏青节、行清节、三月节、祭祖节等，属于慎终追远、礼敬祖先、弘扬孝道的一种文化传统节日。清明节习俗甚多，全国各地因地域文化不同而又存在习俗内容上或细节上的差异。

端午节在每年的农历五月初五。端午节是中国传统的重要节日，源自天象崇拜，由上古时代龙图腾祭祀演变而来。每月有三个五日：五、十五、二十五，端为开始之意，每月之五日皆可称端五，而农历五月又称"午月"，故五月端五又作"端午"，一般以为这就是"端午"名称的由来。端午的起源涵盖了古老星象文化、人文哲学等方面内容，蕴含着深邃丰厚的文化内涵，在传承发展中杂糅了多种民俗为一体，节俗内容丰富且各地、各代端午习俗均有差异，导致端午节又有多种不同称呼，如端阳节、重午节、龙舟节、重五节、当五汛、天中节、五月节、夏节、午日节、地腊节、粽子节、五黄节、诗人节等。

七夕节在每年的农历七月七，又称双七节、乞巧节、七娘节、七巧节、女节、少女节、香桥会和巧节会等，由星宿崇拜衍化而来，源于"牛郎织女鹊桥相会"的传说，被认为是中国最具浪漫色彩的象征爱情的传统节日，在当代更是产生了"中国情人节"的文化含义。相传每年七月初七，牛郎织女会于天上的鹊桥相会。千百年来，生活在中国各地的普通民众围绕着这一节日都要举办丰富多彩的民俗活动。在七夕的众多民俗当中，有些逐渐消失，但还有相当一部分被人们延续了下来。

中元节为每年的农历七月十五，又称七月半、吉祥月、施孤、斋孤。它的产生可追溯到上古时代的祖灵崇拜以及相关时祭，是追怀先人的一种文化传统节日，其文化核心是敬祖尽孝。七月半是民间初秋庆贺丰收、酬谢大地的节日，有若干农作物成熟，民间按例要祀祖，用新稻米等祭供，向祖先报告秋成。节日习俗主要有祭祖、放河灯、祀亡魂、焚纸锭、祭祀土地等。

中秋节为每年的农历八月十五，又称拜月节，是中国非常重要的一个节日，其与春节、清明节、端午节并称为中国的"四大传统节日"。中秋节源自天象崇拜，由上古时代秋夕祭月演变而来，普及于汉代，定型于唐朝初年，盛行于宋朝以后。中秋节以月之圆兆人之团圆，为寄托思念故乡，思念亲人之情，祈盼丰收、幸福，自古便有祭月、赏月、吃月饼、玩花灯、赏桂花、饮桂花酒等民俗，流传至今，经久不息。

重阳节是农历九月九，又称重九节、晒秋节、"踏秋"，与除夕、清明节、中元节三节统称中国传统四大祭祖的节日，是尊老、敬老、爱老、助老的老年人的节日。重阳节，早在战国时期就已经形成，到了唐代被正式定为民间的节日，此后历朝历代沿袭至今。庆祝重阳节一般会包括出游赏秋、登高远眺、观赏菊花、遍插茱萸、吃重阳糕、饮菊花酒等活动。

农历十二月，人们习惯称为"腊月"。据说秦始皇统一中国以后，下令将每年十二月改称为"腊月"。而"腊"这一词到汉代才正式出现。为什么把农历十二月称为"腊月"呢？《祀记》上面解释："蜡者，索也，岁十二月，合聚万物而索飨之也。"腊"与"蜡"相似，祭祀祖先称为"腊"，祭祀百神称为"蜡"。"腊"与"蜡"都是一种祭祀活动，而多在农历十二月进行，人们便把十二月称为腊月了。腊月的最后一天为除夕，这天要放鞭炮、贴春联、点灯守岁。

百节年为首，过年，即过"年节"，也就是现在所称的"春节"。"春节"是中国最古老盛大的传统节日，是民间一年之中最重要的节日。中国不同地区的乡村因生活习惯各不相同，过年的习俗自然也就各不相同。这一篇，就重点写一写鲁西北地区农村的过年风俗习惯。

2020 年 1 月 12 日，坐标鲁西北地区 Q 镇 X 村

今天我和"牛叔"微信视频，因春节临近，我们自然而然就聊到了过年，聊到了鲁西北地区农村的"扫屋""叫吕妈""磕头"风俗习惯。

扫屋

在年节前扫屋除尘，是中国人民素有的传统习惯，既有驱除病疫、祈求新年安康的意思，也有除"陈"（尘）布新的含义。民间将年尾廿三/廿四称为扫尘日，人们在这一天便正式地开始做迎接过年的准备，到处洋溢着欢欢喜喜搞卫生、干干净净迎新春的欢乐气氛，家家户户都要打扫环境，用鸡毛掸子等清扫屋顶天花、墙壁上的尘垢蛛网，谓之扫去"穷运""晦气"，来年清吉。除了扫屋，还要清洗各种器具、拆洗被褥窗帘、洒扫六闾庭院、疏浚明渠暗沟等。因"尘"与"陈"谐音，新春扫尘有"除陈迎新"的含义，其用意是要把一切"穷运""晦气"统统扫出门，寄托着人们破旧立新的愿望和辞旧迎新的祈求。

叫吕妈

吕妈，也就是汉族民间传说中的八仙之一吕洞宾的老母亲。年三十晚上家家煮好饺子之后，都会在大门口点燃玉米秸，叫吕妈回家过年。"叫吕妈"过年这个习俗是来自一个古老的传说。传说在很久以前，在一个村子中有一对非常穷的母子，孩子的父亲过世较早，母子两个相依为命，常常吃不饱，穿不暖。有一年的年三十晚上，儿子拿着借来的麦子去地主家碾麦子，地主家没给开门就把他给骂回家了。儿子发誓等他长大了富裕了之后一定架上一架碾子专让受苦的农民们去他家碾麦子。几年之后，经过母子俩的艰苦奋斗，终于过上了比较富裕的日子，家里也架上了碾子。又是一年的大年三十，家里来了一个白发苍苍的大娘。大娘手中拿着一个碗，拄着拐杖，是来讨饭的，儿子挖了几瓢小麦送给了她，母亲觉得大娘可怜就留她在家一起吃饺子，吃完饺子大娘说还要到碾子上碾一碾儿子送她的麦子，母亲说让儿子帮大娘去碾，大娘坚持自己碾，并说"你们早歇着吧，碾完后我自己就走了，你们真是好心人啊，你们会有好报的"。她们也不知道大娘碾了多长时间，第二天（大年初一），母亲打开碾门一看立刻惊呆了，家里的石碾竟变成了一架银碾了，母亲赶紧朝大门口跑去但大娘人早已经走了，还把木拐棍留在了大门口内。事后经母亲询问本村年高的长辈得知，原来是吕洞宾的母亲吕妈妈来给她们送福来啦。自此以后，在母子俩的带动下，每年的年三十晚上，家家户户都会凑上一堆玉米秸点燃麦秆为"吕妈"祈福，并喊着"吕妈""吕妈"来我家，叫"吕妈"到自己家过年。鲁西北的个别乡镇的村子中目前还保留着这个习惯，不过近些年由于怕出现火灾，烧玉米秸的少了，大多成了放鞭炮或者放烟花以示纪念。

磕头

"磕头"拜年一直是鲁西北地区农村保留的习俗，也成了年味越来越淡之后鲁西北地区目前过年保留的最大的年味。

大年初一，人们一般都三四点的时候就起来包"扁食"（饺子），因为要在天还没有亮之前，吃完"扁食"（饺子），穿上过年的新衣服走东家、串西家的"磕头"拜年。当然，这"头"也不是乱磕的，通常是辈分低的给辈分高的磕，年龄小的给年龄大的磕。但女性只能是结过婚的磕，没结婚的姑娘都不用给长辈磕头。长辈们一般在家等着接头，家里准备上香烟、瓜子、糖来款待来磕头的小辈们。拜年的人一到家里，长辈们一般都会客套地说："别磕了！别磕了！今年咱们不磕头了！"小辈们就会回"磕一个吧，一年一个少不得"之类。

大年初二是外甥拜年，外甥们都要到姥爷和舅舅家磕头拜年。初三是侄子拜年，一般都是和堂兄弟们一起先去姑姑家磕头拜年，然后再分开，各自去自己的姨家磕头拜年。初四是女婿拜年，女儿不管嫁的多远，都要在这一天赶回来，全家团聚，给父母拜年，但闺女不用磕头，只有女婿给老丈母爹和丈母娘磕头。

2020 年 1 月 25 日，坐标鲁西北地区 Q 镇 X 村牛叔家

以下是牛叔家晚辈们大年初一拜年磕头的具体场景复制。此时，牛婶在堂屋接头，牛叔在里屋供香，这时候来了几个晚辈：

A：大娘，给您阔头咧昂！（翻译：大娘，给您磕头了啊！）

B：哎呀，呗阔咧，呗阔咧！（翻译：哎呀，别磕了，别磕了！）

A：哎，阔过吧，一年一过！（翻译：哎，磕个吧，一年一个！）

B：阔啥阔，年幼滴不兴这咧，早就不阔咧，你们来了我就很欢气咧！（翻译：磕啥磕，年轻人都不许可这些了，早就都不磕了啊，你们来了我就很高兴了！）

A：大娘，你今们儿吃饭挺早滴啊？（翻译：大娘，您今天吃饭挺早吧？）

B：啊，吃滴挺早滴。（翻译：嗯，吃得挺早。）

A：俺大爷挺好的啊？（翻译：我大爷挺好的吧？）

B：都挺好滴，哈哈，都进来坐坐，囔伙，囔伙，吃糖，拿长花桌。（翻译：都挺好的，呵呵，都进来坐坐，暖和，暖和，吃糖，吃花生。）

A：哎，不拿咧不拿咧，都有，吃着呢，大娘啊，俺含得再转转，含有好几个门木走咧，得转到晌午。（翻译：哎，不拿了不拿了，都有，吃着呢，大娘啊，我还得再去别家转转，还有几家没去，得转到中午了。）

B：再坐会儿呗，哈口水。（翻译：再坐会儿吧，喝口水。）

A：不坐咧，不坐咧，走啦啊！（翻译：不坐了，不坐了，走啦哈！）

B：好好好，慢慢桌啊，你看一晃全都这么大了。（翻译：好好好，慢慢滴啊，你看一下全都这么大了。）

A：那阔是，这最小滴都结婚了，快别出来咧，外边冷，甭送咧，甭出来了，走了啊，大娘，快进去吧！（翻译：那可是，这最小的都结婚了，快别送了，外面冷，别送了，别出来了，走了啊，大娘，快进屋吧！）

这些传统仪式感的风俗习惯让过年有了欣喜的氛围与美好体验，也就是所谓的"年味"十足。但是，如今总能在周遭听到这样的感慨："年味淡了""越来越不想过年了"。随着老百姓"日子"越来越红火，大家对于"年"的兴致似乎远不如儿时般热情高涨，年味变淡，成了近年来的一个社会变化。但无论时代如何变换，只要家人围坐，灯火可亲，这便是永远无法被稀释、被淡化的"年味"。

宗祠与祭祀

宗族是中国历史上存在时间最长、流布最普遍的最主要的以父系血缘为纬、以地缘为经，在祖先崇拜宗法观念的规范下组成的，拥有广泛民众基础的社会组织群体。[①]"族"是指以父系血缘为纽带的家庭聚合体；而"宗"主管祭祀、组织并管理族众。宗族内部隐含着依据尊卑长幼建立起来的关系网络结构，在这个系统中族长拥有绝对的权力，控制着族人活动的内容和活动的方向，族人只有认真服从的义务，没有任何提议的权利。宗族成员在族长的领导下围绕着祭祀共同的先祖，传承先祖的名望，使本族发扬光大这一共同目标展开组织活动。[②]家族成员从出生的那一刻起，就要接受等级观念、礼仪规范的熏陶和洗礼，家庭环境会影响并制约一个人的思想观念、行为举止，这种影响是长期的、潜移默化的，也是一种逐渐认同的过程。血缘性、权威性、情感性是宗族组织最重要的传播特征，而祠堂则为宗族

---

① 冯尔康：《中国宗族社会》，浙江人民出版社1994年版。
② 张兵娟、崔莹莹：《宋代以来宗族组织传播与祠堂、家礼文化》，《新闻爱好者》2021年第4期。

组织的传播场所。祠堂一般分为家祠和宗祠。家祠是家人祭祀近代祖先的场所，一般不出五服。而宗祠则是宗族权力的象征和宗族精神的殿堂，是宗族组织的中心。宗祠，又称为"祠庙"或"家庙"，旧时多建于墓所，故把祠堂称为"祠室"。宗堂最本质的功能是祭祀祖先，由此也派生出了宣传执行族规家法、进行族众教化、裁决宗族事务等其他功能。通过宗族祭祀进行仪式传播，通过家谱家规进行文本传播，通过楹联雕刻视觉符号传播文化，其目的都是为了实行教化与强宗望族。

在乡土中国，人们深受儒家传统文化的浸染和宗法观念的影响，祠堂对族员具有非凡的凝聚力和向心力，受到特别的尊崇，族人通过立祠来展现本族的荣耀与辉煌、表达后辈子孙对祖先的崇拜与瞻仰。但同时由于祠堂也是执行族规、家法的场所，所以，祠堂也是乡土中国传统宗族社会治理的场域中心，暴露出农村所面临的一些复杂矛盾，比如祠堂文化中的性别不平等与对女性的压迫。新中国成立后受"文化大革命"影响，祠堂作为"四旧"被大量拆除变卖，少量留下来的，改作为学校、仓库或办公用地，利用效果很不理想。1978年改革开放之后，政府开始重视文物遗产的保护，族人开始重修宗祠，祠堂不再仅仅是祭祀祖先、宣传执行族规家法、进行族众教化、裁决宗族事务地点，也不再是村委会的办公场所、村民的集体仓库，而成为村民平时特别是传统节日进行文娱活动的文化礼堂。节庆日里，人们会自发聚集到祠堂举行诸如唱戏、观影、中秋舞龙、元宵闹灯等文娱活动，在弘扬中华优秀传统文化上发挥了积极作用。祠堂文化作为民俗文化的代表日益发展。但20世纪90年代以后，随着中国社会开始的城镇化步伐，大量农村人口涌向城市，传统的宗法制度遭遇挑战，人们的宗族观念越来越淡薄，宗祠也慢慢成为一道渐行渐远的风景。

乡村观察

2019年7月14日至8月31日，坐标鲁南地区Y县L村

L村的KJ同学是我的学生，参加了2019年山东新型城镇化研究所组织的"乡村观察"大学生返乡调研活动。以下是他调研时所写的札记——《祭祖拜天》，通过除夕夜祭祀祖先的描述，展示了鲁南地区如今还保留的祭祀习俗。

我的家乡在山东鲁南地区一个普通的小乡村，东西南三面环山，是鲁南地区典型的丘陵地貌，村里上至80岁的老人，下至40岁的中年人，种植着环绕村庄的1100余亩耕田和林地。农闲时打点零工补贴家用，生活并不富裕，但也温饱安逸，自给自足。晨兴理荒秽，戴月荷锄归，这或许是对现当代中国原始自然村落再恰当不过的描述了。

明代末，娄氏族迁此立村，因村前村后各有一座石桥，故名娄家桥。这座原始村庄拥有三百多年的历史，在一步步走向新中国的征途中，涌现出许多农民英雄，流传着很多古老的故事和传说。村里的人们比较重视一些传统节日，至今依然存在许多祭祀传统和魑魅魍魉神婆的故事，比如，除夕夜祭祀祖先。

从我记事起，每一年过年的时候，左邻右舍都会提前一个月准备年货和过年祭祀所用的物品，大大小小烦琐的步骤从来没有让他们退缩，每一年的祭祀都是春节时的重中之重。

请"老人"

除夕夜之前，父亲每年都会请村里德高望重的老人修补增添逝去先人的牌位，红纸为底，毛笔写字，写完后用香压上。等到年三十傍晚准备吃晚饭时，把家里所有的门大敞开，父亲会用往年用的簸箕端着牌位，拿着香、元宝、鞭炮和打火机，领着弟弟到家门口往北的第一个路口去请家里逝去的老人回家过年。等父亲出门，母亲会在门口放下早就已经准备好的长棍（被称为"拦门棍"）。父亲和弟弟在村口燃香放鞭炮、叩头后回家。等到父亲回来，母亲便拿起拦门棍让父亲从棍子下面过去，然后那根棍子需要一直放到年十五元宵节。

请老人的时间也是有讲究的，每家每户年三十吃饭的时间不一样，但都要在太阳彻底下山之前把老人请回来，不能误了时辰，让先人祖宗们等太久，但也不能太早，因为他们在"那边"可能有一些事情要做，或者洗漱穿衣，或者赶路，要等他们都来了才可以去请。从下午四五点钟到晚上六点左右都会听到整个村子里断断续续的鞭炮声，这是每年每家开始年夜饭，请老人的标志。

父亲回到正屋，把牌位恭恭敬敬地摆放在屋里正桌上，点一整捆香，供奉上两碗饺子。我家西边里屋有供奉的观音、财神和保家客，也需要在每桌供奉上两桌饺子，燃一整捆香。忙活完这些，全家人才可以一起吃年夜饭。

散香、散客

吃完年夜饭之后，按家里的规矩，父亲点燃很多根香，由家里的孩子"散香，散客"，我和弟弟把香插在家里的每扇门旁边提前放好的小沙桶里，单扇门一根，双扇门一边一根，外边大门的香要插在柏树枝上，寓意祈求来年平安。用簸箕铲一整簸箕的元宝，所谓"元宝"就是用火纸叠成的类似银锭的东西，单扇门燃一个，双扇门一边燃一个，家里的井边燃一个，拖拉机前六个、剩下的不论多少全部放在院子北面放置牌位的"老天爷"的地方，再铲一整簸箕放在西边里保家客前六个、观音财神前六个，剩下的全部放在正桌的前面。

叩头祈求感恩

母亲则在厨房里忙活着弄"祭菜",鸡、鱼、方肉、蔬肉、丸子、香蕉、苹果、橘子、糖、瓜子等。鱼要提前剖开清洗干净,用花生油炸半熟;鸡也是提前准备好,请人把鸡弄成特殊的样子;三块正方形的猪肉叠放在一个盘子里,需要两盘;一盘用油炸过的丸子;一盘用面和猪肉炸成的蔬肉,除了水果、瓜子和糖,其他的东西都需要用青菜叶覆盖点缀。

母亲把这些"祭菜"放到院子里的大铁锅里蒸热,然后和父亲一起摆放到八仙桌上,首先将桌子抬到院子里的正北"老天爷"牌位前面,在桌上点燃两根蜡烛,一整捆香,点燃之前放好的元宝,父亲将酒洒在元宝周围,全家人开始叩头,由家里的男丁开始,然后是女丁,每人四个,祈求上天保佑全家平安,风调雨顺,来年丰收。然后抬到拖拉机农具前面,同样的流程,祈求车神保佑来年顺顺当当,感谢车、农具一年的辛劳给家里带来了财富。最后抬到正屋里,将八仙桌上的所有东西按照老祖宗的规矩摆放在正桌上,先去西边里屋里给保家客、观音、财神叩头,最后到正屋里给逝去的先人们叩头,表示感恩和敬畏。

叠元宝,包饺子

完成这些之后,父亲和我、弟弟开始叠元宝,放到屋里正桌的下面,每年都会叠很多,一直塞到桌子下面放不下才算完成。母亲在厨房准备过年几天吃的水饺,年三十晚上和初一早上吃素馅的水饺,以后才可以吃肉馅的水饺。并且把包好的水饺用新叠好的元宝压上,祈求健康平安。

每年家里请来的老人会一直待到元宵节才会送走,每天吃饭的时候都必须燃香,村子里每家送走老人的时间也会不同,如果家里的男丁需要出门工作或打工,就不得不送走,因为请和送都

乡村社会

必须由家里的男丁完成，我从来没有见过父亲请老人和送老人是什么情景，只有从父亲口中得知一些情况。

还有每年的六月六，是入伏的第一天，象征着夏天的开始，也是一年里边最热的时候，村子里每家都会吃炒面，炒面是指把小麦面用油炒熟了吃，在这一天村子里每一家都会摆案席祭天，以祈求夏天多雨多风，庄稼丰收。

很多人或许认为这种烦琐复杂的过年程序根本没有什么作用，在科学知识日益普及的今天，只不过是农民低俗迷信罢了，但是现在的农村已经不是之前那个闭塞落后的农村了，一切都在进步，所有都在发展，农村文化水平逐渐提高，这是庄稼人对于自然赋予的馈赠表达感恩的方式，其中寄予了农村人对生活的热爱和对未来的美好期盼，这种传统的祭祀方式在潜移默化中教导子孙后代懂得感恩、勿要忘祖。

祭祀桌

乡村观察

2019年9月1日，坐标鲁西北地区Y县G村

今天下午约了我们返乡调研团的Y同学，和他聊得话题是他们村的那些"大日子"。以下是Y同学的描述。

不知道别处的习俗是怎么样的，在我的家乡这边有人过世之后，特别是年纪大的人过世后，出殡日、三七日、五七日、一百天、一年坟、二年坟、三年坟以及春节、清明、农历七月十五、农历十月一等都是比较重视的祭祀时间（大日子）。

我的祖父祖母都已过世，他们过世后的这些大日子，我基本上都会跟着父母回老家祭祀。之所以说重视，是在这几个祭祀时间，不止逝者的儿女孙辈或者是较近的亲人会来，还有关系比较远的亲人也会来，而且还会在老家一起吃一顿午饭。在我的记忆中祖父祖母的祭祀日有很多面生的人，我曾问父亲我们家与他们的关系，父亲说，是三代以内的亲戚，平时来往少。在祖父祖母的那个年代，家里兄弟姐妹多，各自成家以后来往也就没有以前那么密切了，再加上生活条件不算好，整日为了生活操劳，也没有太多的时间交流感情。再到了我父亲的一辈，我父亲兄弟姊妹五个人，他们五人确实关系很好，但是和那些表亲的关系就没有那么近，最多就是逢年过节走动走动，其他就再没有什么交往了。若不是他们来给祖父祖母祭祀，我可能都不知道该怎么称呼他们。

我的祖父祖母过世火化后葬在了老家的田地里，有种叶落归根的意味。二伯父家就住在老家村里，每次上坟祭祀都是在他家吃饭，要准备四五桌才够，二伯父家准备，我父亲和其他伯父出钱是我们家默认的规矩。只靠二伯父二伯母准备四五桌饭并不是件简单的事，好在有热心邻居来给帮忙，这些邻居也是祖父祖母生前与他们交好，有了他们帮忙总算也能招待好从外地赶来的亲戚。

　　祖母去世的时候我9岁，记得家里来了很多人，那时候小，大半的人我都不认识，别人也都觉得我是小不点，没人理我。我帮着长辈端碗筷，在饭桌旁除了听到他们在说我故去的祖母，还听到他们说着各自的家常。当时我不理解为什么有那么多话可以聊。祖父去世的时候我17岁，家里还是来了那些亲戚，我知道了他们是谁，也知道了该怎么称呼他们。在我这一辈孩子里，我排行最小，伯父姑姑家的哥哥姐姐差不多都成家了，平日里我上学，他们要工作，只有逢年过节才能见面，而且即便是过节也没有凑得很齐的时候，而在祖父祭祀的日子我们却能得以相聚。亲人离世和亲人相聚遇到一起，这种感情是很复杂的，我也终于理解了9岁那年的疑问，为什么他们有那么多话聊，大概是太久不见加上心情复杂。

　　亲人离世令人悲痛，祭祀日又一次一次唤起悲痛。但从另外的角度想，离世的人再也回不来，但他们在离世后一次又一次地为他的亲人们创造相聚的机会、创造邻里之间友好互助的机会，这不就是他们在帮助我们忘却悲痛，进而提醒我们珍惜身边的人吗。重视这些祭祀的大日子，不只是我们对离世亲人的怀念，还是我们与其他亲人交流的渴望。

上坟

2022年1月25日，坐标鲁西北地区Q镇X村牛叔家

今天是农历的腊月二十三，按照风俗，这一天是要祭灶的。

牛叔说，灶神（灶王爷）是家里最大的神，受玉皇大帝的委派，长年驻守在每家每户，保护全家平安，掌握着家中每个人的情况和命运。二十三是"灶王爷"上天之日，所以，每到这一天，所有家庭成员都要回家，不论远近、男女、老幼，因为灶神要清点人数，按人头去申报口粮。这一天如果没在家，灶神看不见，来年没粮吃，后果很严重。于是，出门在外的人都在这一天回家了。

灶神上天，要有隆重的欢送仪式，祈求"灶王爷"上天言好事，下界保平安，需要认真虔诚地为他老人家准备交通工具和路上需要的干粮，马虎不得。因为山东一直有"男不祭月，女不祭灶"的风俗传统，所以祭灶这事自然是牛叔主祭。到了晚上，牛叔把白天准备的祭灶品（主要是用水豆腐、红薯粉条、大白菜、紫菜等做成"祭灶汤"、糖葫芦和十八个火烧），放到神案前，然后供香、烛于神案前，口念祷词（主要是寻求帮助祈愿之语），祈祷完毕，将灶神像从墙壁撕下，用灶糖轻轻地在其嘴边抹一下后连同用纸剪的一匹马一同焚烧，另外高喊"送灶爷骑着马升仙"。这样祭灶就算完成了，这个过程只要平顺，来年就能平顺。

如今很多年轻人已不再迷信灶王爷，但许多人家仍保有过小年的习惯，当天吃饺子。

村里的光棍

光棍是传统中国社会控制人口的经常手段，很多大户人家的老爷要娶多个老婆，家里还要养丫鬟，加上很多地方有溺女婴的传统，致使很多贫农、雇农都不能结婚，从而被排除在传宗接代的可能序列之外。

光棍，俗称"单身汉"，传统意义上光棍仅仅指那些没有妻子的大龄男青年，是男性的专属。进入21世纪以后，光棍问题并不仅仅是那些娶不到老婆的大龄男青年了，越来越多的大龄女青年也纷纷加入，成为新时代出现的一个新群体。对大龄的界定，不同区域存在一定的差异。如果当地青年男女初婚年龄一般在25—28岁，最迟到30岁，那么那些短时间内看不到正常婚配的可能性的30岁以上的大龄未婚男青年，基本就是当地村民眼中公认的光棍群体。[1]

毫无疑问，光棍问题一直是我们面临的一个严峻的社会问题。2021年5月11日，国家统计局发布的第七次全国人口普查公报显示，

---

[1] 王向阳：《姻缘难觅：转型期农村大龄未婚男性婚配危机及其解释——基于关中扶风X村的田野调研》，《兰州学刊》2020年第11期。

全国现有男性人口为72334万人，女性人口为68844万人，男性比女性多3490万，总人口性别比为105.07，与2010年第六次全国人口普查数据（105.2）基本持平。分年龄阶段来看，从20—40岁这一主要婚育年龄阶段来看，男性比女性多出1700多万人，也就是说，全国约有1700万处于婚育年龄的男青年无妻可娶。

另外，中国男女出生性别比111.3，较2010年数据下降6.8。出生人口性别比的正常范围一般在103—107，如果该指标长期、持续、大幅度地超过107，则提示着人为胎儿性别选择现象的存在。

虽然，中国性别状况已经在改善，但男多女少的现象依旧存在，特别是更加值得重视的出生人口性别比（反映未来人口性别比例问题），这一数据已经失衡40年之久。

与城市相比，农村的超常规性别比要严重得多，其原因可归为以下因素：一是有较重的男孩价值偏好。中国大部分农村地区，农民有通过生育儿子来传宗接代、传递血脉的思想观念，这种观念是根植于农民内心的宗教般的价值观念。农民只有完成了生儿子、建房子、给儿子结婚、抱孙子等传宗接代任务，才会觉得活得有动力、有价值，否则会有人生意义的幻灭感。

二是养儿防老的思想。中国大部分农村地区从古至今实行的基本都是女儿外嫁和儿子外娶的外婚制，女儿外嫁之后既不分割家庭财产，也不承担养老送终的责任，而只有儿子才有养老送终的义务。尤其是在"送终"这一具有宗教仪式性意义的事件上，农村地方性规范中只有儿子才能完成这一仪式过程。①

三是重男轻女的思想。因男孩肩负着给父母养老送终的责任，而女儿只是作为出嫁后必须搬去婆家从夫居住的"外人"角色，是家中

---

① 杨华：《农村婚姻挤压的类型及其生成机制》，《华中农业大学学报》（社会科学版）2019年第4期。

不能依靠和指望的临时成员，甚至说是只能"外嫁"的"赔钱货"，因此农民家庭在生育和养育上，都是儿子要重于女儿的。当农村生育处在自然状态下的时候，很多地方有溺女婴的传统，而实行计划生育政策后，各地的政策是头胎为男孩就不再允许生育，头胎是女儿则隔数年可再生二胎，这样农民家庭就会加重对婴儿出生性别的选择意愿，在头胎是女儿的情况下，对二胎的性别选择的可能性较强，若二胎仍为女儿，那么偷生三胎的性别选择就更为强烈。农民会想方设法地通过熟人关系鉴定胎儿性别，若怀的是女儿则会选择人为流产。

四是儿子能够"顶门户"。在村庄生活中，青壮年儿子多则表明这个家庭人多势众，这个家庭在村庄里就有势力、有面子。有儿子的农民家庭才能在村庄中站得稳、有底气，否则就会被人瞧不起，甚至被人欺负。

事实上，中国城乡二元结构的背景下，城乡光棍也存在数量和类别上的差异。就刚刚提到的女光棍问题来说，在中国当今农村，女性光棍依旧凤毛麟角，男性光棍仍然是农村社会光棍的主流，而在中国现代都市里，不但有大量的男性光棍，也涌现出了大量的女性光棍。也就是说乡村以男光棍为主，城市则是男女光棍并存。

另外，在类型上，乡村以被动型光棍为主，城市是被动型与主动型光棍并存。被动型光棍是指那些由物质条件、经济条件、能力因素、个体身残弱智、道德品行或不良嗜好等导致的单身男女大龄青年。主动型光棍是指那些出于诸如"独身主义"的价值观念和生活方式的考虑，或出于一些功利性的目的，比如对于人生的追求（为追求事业成功），或是因为对结婚的要求过高，导致高不成低不就，而最终加入光棍行列的男女大龄青年。

2018 年 7 月 25 日，坐标鲁西北地区 Q 镇 S 村

今天约 YJ 同学为我描述 20 世纪 90 年代以来 S 村的婚外性行为变

迁过程，在这个议题的讨论过程中，顺便谈到了S村的"光棍"问题。

说实话，S村各个年龄段的男光棍都有，"50前"（70岁以上）现在还健在的男光棍有3个，"50后"（60—70岁年龄段）的男光棍有2个，"60后"（50—60岁年龄段）的男光棍有4个，"70后"（40—50岁年龄段）的男光棍有5个，"80后"（30—40岁年龄段）的男光棍有7个。"80后"是重灾区，我重点说说"80后"这几个案例，有的是离婚后没有再婚，或者说没有女人愿意跟，有的直接没结婚，人名我就用化名吧。

一个叫国瑞的，1989年出生，先天性心脏病，大了之后智力也不好，游手好闲，不能工作，未婚；

一个叫振振的，1990年前后出生，太老实，虽然家里条件很好，也有楼房，但迟迟未婚；

一个叫朋朋的，1984年前后出生，因为酗酒、赌博，离婚三年以上，一直未再婚；

一个叫林林的，离婚，曾经从工地摔伤，无劳动能力，未能再婚；

一个叫川川的，游手好闲，离婚后与一妇女同居，未领结婚证；

好像还有一个王姓的孩子，我就称他王三吧，年龄也不小了，本来找上对象了，对象要求在城镇上买楼，因家庭有病人，没有答应买楼，直接告吹，再也没谈上；

还有一个海杰，离婚，人比较老实，至今未婚；

一个叫帅帅的，也是有点精神问题，离了两次婚，没有再结婚。

总结这八个人"光棍"的原因，一是因为男人老实，没有足够的赚钱能力；二是家庭经济原因，没有楼房；三是男人有不良嗜好；四是离婚比较随意，离得快，但再婚难度非常大，特别是经济条件不好的男人。

嗯，还有一种原因，就是男女在恋爱中已经同居，男方家长作出失误判断（就是根据老一辈经验，认为同居了，肯定能娶过来），没有认真对待女方的经济、住房等婚前诉求，女方不顾虑同居问题而提出分手。分手后，男方一旦错过最佳结婚年龄，再找对象就难了，很可能会成为光棍。

除了男光棍，其实现在农村也出现了少数独身的女性。以前男大当婚，女大当嫁，现在情况发生了变化。女孩子也有不少独身主义倾向的，"90后"出现了这样的苗头，没有什么特别原因就是不愿意找对象。或者找对象时相当挑剔，不是像以前，听家长安排，见个面，没什么大问题就可以按农村风俗一步步发展，什么荒见面、大见面、贴号、会亲家、送束等。现在自由恋爱反而成功概率很低，谈着谈着就没有后文了。我曾经试图给人介绍过对象，我自己感觉双方年龄、条件都很匹配，但谈不了几次就会告吹。

下面结合 S 村的情况，主要对乡村光棍的类别进行具体分析。一是经济贫困型光棍。除了新中国成立后的短短 30 年里，婚姻受贫穷的影响较小外，其他任何时候经济状况都是决定婚姻成功与否的重要因素。在农村，因为家庭经济条件差而娶不到老婆的现象非常普遍，这些因经济困难而娶不到老婆的光棍属于经济贫困型光棍，这种光棍类型是目前农村光棍中最主要的类型。

二是身残弱智型光棍。村庄中或多或少都会存在一些身体残疾或精神障碍的青年，这些人中的男青年基本上是找不到媳妇的，经济条件特别好的个别家庭除外。这个群体的光棍成员或者是因为先天性病症，或者是在心理或身体的某一方面存在一定的功能障碍。这种光棍类型在目前农村光棍中占很大的比例。

三是品行或能力低劣型光棍。在光棍群体中也有部分人是因为自身道德品行和素质能力较差而造成被动光棍。他们要么好吃懒做、安于现状、不思进取，要么道德品行低劣，嗜酒、赌博或专干偷鸡摸狗的事，要么因文化水平、技术能力都比较低而致使生活质量低下。正是基于以上因素，村里或村外没有姑娘愿意嫁给他们。

四是缘分宿命型光棍。如果说以上三种类型的光棍都能找到致单的原因的话，缘分宿命型光棍则属于"说不清""没啥具体理由"就是找不到对象的一种光棍类型。或者用农民的话来描述更为确切，就是"没有结婚的命""没有婚姻缘"。这种类型的光棍要么是毫无理由娶不到媳妇，要么就是结婚后草率离婚，离婚后不能再婚。

五是主动不婚型光棍。上面几种类型的被动型光棍，是农村光棍群体的绝大部分。但目前农村除了被动型光棍群体，也有了一小部分人群是在主观意愿上主动选择不婚的。这群人要么是因为受"独身主义"价值观的影响，把独身作为生活的状态；要么是因为对婚姻的憧憬过高，而找不到"合适"或者说"称心如意"的对象，"高不成低不就"，很难步入婚姻的殿堂。主动不婚型光棍在城市光棍群体中占据着很大的比例，农村还比较少，但随着城镇化的发展，这种类型的光棍，在农村中也开始出现。

我们讲光棍的类型，其实是讲清楚了光棍产生的主观个体原因，接下来我们讨论一下光棍产生的社会原因。出生性别比一直被人们当成是男性择偶困难的主要因素，但实质来看，新中国成立以后中国男性择偶困难主要是因为20世纪60年代出生率的波动和70年代出生率的急剧下降。农村人大多都有着强烈的男孩偏好和女性歧视观念，在这种观念的影响下，农村男性超常规多于女性，导致的婚姻市场上男性与女性比例失调，男性多女性少，其中一部分男性就无法找到配偶。自此之后，婚姻挤压开始成为人口学界研究的重点问题。婚姻挤压也可以称为婚姻排挤，就是婚姻市场上的部分男性与女性不能按照传统的标准或期望来选择配偶现象。当然婚姻挤压的主要原因在于婚姻市场上可供选择的适龄男性与女性比例失调。中国农村婚姻挤压主要挤压的是适婚男性农民，农村适婚性别比失衡的社会后果最终由处于婚姻市场低洼地带的底层家庭的适婚男性承担，他们最容易成为农村找不到配偶的"光棍"。[1]

从既有的研究与调查来看，当前中国农村的婚姻挤压所带来的社会问题并不是同质、均衡的。北方农村婚姻挤压带来的主要社会问题是"天价彩礼"和"闪婚闪离"。"彩礼"并不是南方农村的主要家庭负担，但南方买卖婚姻和骗婚行为时有发生，南方"光棍"现象较为普遍。西南农村的"光棍"在村寨里成批出现，"光棍"问题特别严重，大龄女性在婚姻市场中特别抢手，"姐弟婚"十分常见。而在东部发达的农村地区，女性"光棍"比较普遍，男性少有"打光棍"的现象。这是因为改革开放后，打工潮所带来的人口流动，打破了村庄原有的边界，大量的男女青年向外流动，传统的婚恋格局被打破，东部发达的农村地区的男性青年便在全国性婚姻市场中占据了优势。

这样看来，婚姻挤压并不仅仅受超常规性别比（性别挤压）影响，还受自然和经济条件的影响和竞争条件的影响。当农村出现性别挤压之后，女性在婚姻市场中成为稀缺的资源，"向上走"便成为适婚女性青年婚姻流动的必然方向，女性在婚姻流动中就会选择那些自

---

[1] 杨华：《农村婚姻挤压的类型及其生成机制》，《华中农业大学学报》（社会科学版）2019年第4期。

然条件好的地方和经济条件好的家庭。在传统的通婚圈内，山上的姑娘会嫁山下的郎，山下的姑娘嫁城郊郎，城郊的姑娘嫁城里郎，相反城里的姑娘不会往城郊和山区外嫁，山下的姑娘也不再轻易往山上外嫁。在全国婚姻市场，自然和经济条件比较差的婚姻低洼地带的适婚女性青年则会向自然和经济条件好的婚姻优势地带流动，这样就弥补了婚姻优势地带因超常规性别比带来的适婚女性之不足，而自然和经济条件比较差的婚姻低洼地带的适婚女性资源则显得更为紧缺。在婚姻市场上，自然和经济条件好的优势地带的适婚男性，他们占据了天然的竞争优势，在婚姻市场的竞争中无须支付较大的成本就可以成婚，因此这些地方的光棍较少、彩礼较低，比如中国东部地区的农村。而自然和经济条件差的低洼地带的适婚男性则没有天然的竞争优势，他们要想在婚姻市场上吸引女性，就得提供高额的婚姻成本（高额彩礼等），以弥补其户籍所在地自然和经济条件落后的缺陷。那些无法支付高额婚姻成本的适婚男性则很可能会被婚姻市场所淘汰，沦落成农村的"光棍"。

全国来看，中国农村的光棍从西部到东部呈阶梯状分布，西部农村光棍数量最多，西南和西北农村的光棍最集中，中部农村次之，主要散落在贫困落后的山区，东部农村最少。

乡贤来治村

中国作为一个以农业立国的国家，乡村治理问题一直是一个重大的政治问题。实现对乡村社会的有效治理不仅是当政者的现实课题，也是有效治理国家的基础。"乡村治理"是随着改革开放，特别是人民公社解体和村民自治的推行而逐渐形成的一个概念。这一概念随着中国乡村社会的变迁而逐渐完善，主要包括乡村经济发展问题、乡村基层政治问题、乡村基层组织问题及乡村文化建设等多个主题。

近代中国，农村属于乡土社会乡绅治理。乡绅大部分是官员致仕还绅的结果，这些官员退休后通过乡村治理延续自己的政治生命，这种制度是从古代中国慢慢演变而来的，最终成为稳定的制度性安排。直到1905年，废科举设学堂的制度改革，从根本上改变了乡绅的结构，从制度上切断了传统乡绅与国家权力之间直接联系的管道，占据乡村权力中心的乡绅也失去了制度性补充的来源，乡村治理在相当长一段时间出现恶化，土豪劣绅势力抬头，进而引发了民国时期的新一轮乡村建设。

新中国成立之后，农村治理体系随着不同时期的发展表现出不同的特征，但总体上都是以政府能够最低成本最大限度提取农业剩余用于工业化建设为目的来规划农村治理结构的。新中国成立初期，土地改革之后，政府以苏联的集体公社模式为样本对传统的农户家庭机制进行了改造，到三年自然灾害时期（1959—1961年）这种集体公社模式运转达到顶峰。随后在经历了严重的经济困难之后，中央政府制定了农村工作60条，恢复了以前的"三级所有"体制，即土地等生产资料实行公社、生产大队和生产队三级所有，有时对于规模小的村社实行公社和生产队二级所有，这种产权形式是"集体产权"和"村社产权"的复合形式。20世纪80年代初期改革开放后，家庭联产承包责任制逐渐取代了公社体制，重新回归到以农户家庭为单位的生产模式，村民委员会的产生使农村治理开始出现了村民自治的机制。但实行村民自治以后，农村治理体系始终存在两大内在的、难以克服的矛盾。一是大量的国家行政事务需要基层组织承担，村民委员会被行政化，连村民委员会的干部也被称为"村官"，官事"民"办，民事"官"办，官民难分，行政压制自治。二是村民参与管理社会公共事务的制度难以实施而被"悬空"。随后，中央政府在1983年正式设立了代表国家行政管制的乡镇一级政府。1988年试行的《村民委员会组织法》规定，乡镇政府对村民委员会的工作给予指导、支持和帮助，但不得干预依法属于村民自治范围内的事项，进而明确了乡镇与村集体之间的指导与协助关系。直到1998年，党的九届人大常委会颁布了修订后的《村民委员会组织法》，农村村民自治机制开始逐渐走上制度化和法制化轨道。

总体来说，在2006年取消农业税之前，国家对农村的治理都是以农补工、通过"剪刀差"获取收益进行工业化的过程。随着中国工业化进程在21世纪进入加速期，特别是东部沿海省份已经基本进入了工业化时代，从农业汲取原始积累的成本越来越高，对农业征税的净收益快速下降，变得基本无利可图。2006年，中央政府宣布取消农业税，并加强对农村的投入。此后，乡村这种介于政府管理和自治之间的治理模式发生了改变，农村劳动力、土地、资本三要素的净流出等直接引发了农村的凋敝，乡村基层政府财力匮乏，乡村基层干部的权威和影响力被削弱，乡村自治能力变差，乡村治理问题凸显。部分乡村甚至出现"刁民"群体化现象，继而演变成主流，乡村社会秩序的主导人和决策者甚至也出现了"刁民"化。2014年9月，中共中央宣传部要求，发挥"新乡贤"的示范引领作用，要以乡愁、乡情为纽带，吸引和凝聚各方成功人士，建设美丽乡村。此后，国内对于"乡贤"和"乡贤文化"展开了讨论，希望以乡村建设和治理面临的问题为导向，重塑"新乡贤"，发挥"新乡贤"的精英带头作用，构建以乡贤为成员的多元主体治理体系。乡贤治村成为旨在解决城市化浪潮下，农村空壳化背后的乡村治理现代化问题。

乡贤不仅为家乡牵线搭桥、引路出力而且还吹来了文明新风，他们在推动乡村的产业发展、完善乡村治理、树立良好乡风等方面，发挥了重要的作用。同时，他们也不断引领着广大村民见贤思齐、发奋进取，进一步激发其他在外的乡贤和青年才俊，投身乡村建设，回报养育之地。如今，以习近平同志为核心的党中央，强调培育和弘扬社会主义核心价值观必须立足中华优秀传统文化，被中断了多年的乡贤文化重新得到连接和延续，这是中华民族的幸事。

2021年7月18日，坐标山东管理学院

2021年7月18日，第五期乡村振兴齐鲁样板大讲堂暨山东管理学院乡村振兴研究中心揭牌仪式在山东管理学院举行，大讲堂环节，村党支部书记代表交流了各村探索乡村振兴发展路径的经验做法，以下是村党支部书记代表在会场上的发言材料。

初心不移　让村民过上好日子

文昌街道西苏村党支部书记　孙增民

大家上午好！我叫孙增民，是济南惠好大药房有限公司总经理，2020年8月经济南市委组织部统一遴选，现任长清区文昌街道西苏村党支部书记。西苏村曾经是一个让上级头疼的软弱涣散村，通过一年多的努力，目前西苏村打造了多个第一。成立了全市第一家区县乡村振兴研究院、第一家大学联办乡村振兴实践基地、第一个村企签约共建集体、第一家村级公众号、抖音平台正常运营新农村账号、全区第一家以电商直播为主农村集体产业、第一个即将实现全村铺设沥青路面的村庄。一个曾经让上级头疼的软弱涣散村摇身一变成为周边村民都羡慕的幸福村，离不开上级的政策和群众的支持，下面我把自己一年多的经历和感想给领导们做个汇报，不当之处，请大家批评指正。

一　完善村内设施，建设美丽乡村

只要真心付出，你就不怕隔行如隔山。从经营企业到担任村党支部书记，对我来说，是个极大的挑战。但我天生有着不服输的性格。"惠及百姓，好予社会"是我做企业的信条，同样也是我当支部书记最朴实的信念。来到西苏村第二天，我转遍了村里的角角落落，该做些什么，心里也就有了数。"党群服务中心添置了空调、饮水机、电脑、打印机""办公场所返潮墙体进行了整修、粉刷""村里的路灯坏了"每天晚上我都会给爱人细数需要做的事情，她总是会心一笑默默支持我。村里的便民服务站前广场坑洼不平，我心急如焚，两天的时间，奔走于各有关单位，终于在省派乡村振兴服务队和街道的通力协作下很快破土动工，不到一周800多平方米的广场铺就完成。

只要有真诚与耐心，你就会感动别人，也会感动自己。西苏村有很多断头路。不仅影响着全村的形象，更阻碍了村民致富。道路要通畅，就需要拆除一些村民的老房子，但这些老房子有的已经存在了二十多年，村民心理上难以割舍，这是都能够理解。比如，村里的主干道中间就横亘着石广洪老人家的老房子，石广洪舍不得拆掉老房子，道理谁都明白，但谁摊上，谁不舍得。我也不舍得，但为了村集体的发展，不舍得也得舍得。我连续半个月上门做工作，老人终于被我的诚意和韧劲感动，最终主动提出无偿拆除自家老房子，贯通村里多年的"断头路"，"增民一个外村人都这样为我们发展使劲，我不能再挡着"，听到这句话，我的眼眶湿润了，不知道是感动还是欣慰。就这样，一点点，一条条，我用自己的真诚，和村民一起，把村里的断头路全部打通了。现在，村内街巷整齐划一，这也为省级美丽乡村建设打下了坚实的基础。今年，我协调上级各项资金共800余万元，对村庄进行规划建设，一幅美丽乡村画卷在西苏村徐徐展开。

二 解决遗留问题，增加集体收入

上任初期，面对"一穷二白"的村底子，我似乎回到了二十多年前的创业初期，感受到的是比创业初期更大的压力。因为个人创业，我可以失败，但作为村民致富的带头人，我不允许自己失败。我一遍一遍地翻看村史档案，找经济学专家学习，到外地学习先进经验……我的心里越来越敞亮，虽然当时村里的账面上只剩不到5000元，但是这个人口不到600人的村庄位于城区驻地，交通便利，驻村小企业十余家，不愁没有发展门路。

说干就干。由于历史原因，村里土地承包费标准常年不变且难以按时缴纳，我与村"两委"统一思想，广泛征求群众意见，大家达成一致，下定决心解决问题。为能尽快找到正确的答案，我与村"两委"走进了老党员家、村民代表家……"增收刻不容缓！"思路逐渐厘清。于是，村"两委"召开专门会议，整理专班清理清查全部承包合同并联系律师咨询相关问题，多次登门同企业协调、谈判。通过固本增收，最终村集体增收30余万元。之后村集体又把拖欠村民的10万余元一次性全部结清，工资发到村民手里，事情做到了村民心里。大家在领到了自己的用工报酬后，脸上笑开了花，村"两委"的威信在村民中逐渐树立起来！

三　外出学习先进，发展村内产业

开阔思路，才能找到适合自己的发展路子。任职以来，我带领村"两委"先后到三涧溪村、辛丰村、景庄村参观学习，结合西苏村实际，在党员大会上向大家提出了"远近结合、稳步发展"的思路，蹚出了西苏村自己的产业发展路子。目前，西苏村已与齐鲁工业大学、山东管理学院达成电商合作项目，成立了苏禾（济南）电子商务有限公司及苏禾农民专业合作社，该平台将为长清区的农产品销售提供新的渠道，拓宽乡村振兴的产业路径，实现农民的增收与就业。

四　热心公益事业，关心困难群众

党培养我多年，为社会做点公益，是我应尽的义务。多年来，我扶老济困、爱心助学、帮助弱势群体。多年前，惠好大药房就成立了专门的惠好爱心基金，每年资助20余户贫困户，长期为环卫工人、困难群众提供各种福利，来到西苏村后，我组织了村企共建，由惠好大药房为西苏村老人、大学生等群众提供各种福利。先后开展了为西苏村80岁以上的老人过生日、冬天为村里60岁以上的老人们送上暖贴、为耳背老人免费配备助听器、"六一"儿童节为村里的儿童送学习用品等活动。

不到一年的时间，我从一个"外乡人"，到了众人嘴中的"领头雁"。真诚的付出，收获的是组织的肯定、群众的认可。今年的党组织换届选举中，我又以全票当选为新一任西苏村党支部书记。群众的信任是奋斗的动力，迎难而上是我努力的方向。如果说初读《习近平的七年知青岁月》[①]停留的是那些知青故事的叙述，那么再读时，驻

[①] 中央党校采访实录编辑室：《习近平的七年知青岁月》，中共中央党校出版社2017年版。

> 乡村观察

足更多的已是七年岁月的思考。正如习近平总书记后来回忆："15岁来到黄土地时，我迷惘、彷徨；22岁离开黄土地时，我已经有着坚定的人生目标，充满自信。"经历苦难，方知奋斗可贵；坚定信念，才能无惧风险。我愿意用一名共产党员奋斗的青春，继续发扬不畏艰难顽强拼搏的精神，续写西苏村乡村振兴的华章，全面提升基层党建工作水平，让领导放心，让群众满意！谢谢大家！

西苏村党支部书记孙增民在村中工作（孙增民供图）

敢担当勇作为　绘就出彩人生
长清区文昌街道西李村党支部书记　刘继杰

大家好！我是长清区文昌街道西李村党支部书记刘继杰。作为一名组织培养起来的村支部书记，大家熟悉的老朋友，能够参加今天的会议，我感到十分荣幸，衷心感谢组织多年来的关心和培养，感谢大家多年来的信任和支持。我愿意把多年来带领大伙致富奔康逐梦多彩西李的几点体会和感悟向大家作一汇报和分享。

乡亲生计挂心头　义不容辞挑重担

1984年，我退伍回乡务农，曾做过木工，后来在长清建筑公司古建筑队做过木工班长。随着几年在外面的打拼，我的腰包开始"鼓"起来，看着昔日跟自己一块劳作的乡亲们，如今还住着低矮的土坯屋，走在一下雨满是泥泞的土坷垃道上，一年到头在地里辛勤劳作却挣不了几个钱，我心里很不是滋味，于是就有了将群众组织起来共同富裕的想法。

经过一段时间的准备工作，1990年年初，我联合本村两户村民，以股份制的形式，成立了"济南隆基装饰工程有限公司"，主要经营中、高档建筑门窗。经过我和合作伙伴的共同努力，公司连续上了几个台阶，年产值由过去的几十万元上升到现在的600万元，实现了利税的快速增长。公司的快速发展，也为解决村里的富余劳动力提供了广阔的空间，在培养了大批的门窗行业技术人才的同时，还吸纳富余劳动力200多人，加上其我家庭式工厂用工人数，高峰时一度达到500多人。

就在公司和家庭门窗行业蓬勃发展的时候，2004年村"两委"换届，我被选举为党支部书记兼村委会主任。在知道我当选为村支部书记后，很多亲朋好友不理解，放着好好的企业老总不干，非得回村当支部书记，值吗？纷纷劝我不要接这个"烂摊子"。妻子更是含泪哀求："我们一手创办的企业就像自己养大的孩子一样，你舍得把我丢一旁吗？"一边是自己蒸蒸日上的企业，一边是积贫积弱急需改变的父老乡亲，我毅然踏上了回村之路。我私下里耐心地给家属做工作："既然大家信任我、推选我，不干对不起大家。我们现在生活条件好了，看着乡亲们还在受穷，我们能高兴得起来吗？再说推脱责任，拈轻怕重，也不是共产党员的来头。"

集思广益绘蓝图　开拓创新谋发展

如何当好这个"村官"，如何带领村民致富，我在上任之初心里也没个底，但我相信，"众人拾柴火焰高"。于是我首先召开了党员会，接着又召开了全体干部会、群众代表会，两天开了三个会，就如何让西李村老百姓致富的课题摆在了大家面前，展开了热烈讨论。我带领村"两委"一班人走东家、访西家，踏遍了西李村的沟沟坎坎，广泛征求群众意见，最后落实到了"十六个字"上："切合实际，突出特色，发展产业，创意生产"。

西李村有60%的农户种植绿化苗木，已有二十多年的种植史，但多是柳树、杨树、法桐等几乎已没有市场的树种，有的种了八九年还卖不出去，个别种植户的效益比种粮还要低。当时村里有3家苗木花卉企业，而我们守着专业村却要舍近求远去别处购苗子，原因也在于西李村的种植结构不合理。为了改变这种"畸形"的局面，2005年，我牵头成立了苗木花卉协会，建立了苗木花卉实验基地，并从省林科所请专家授课，传授种植技术，实验推广新品种。仅当年，种植的苗木品种由过去的14个增加到100多个，面积近3000亩。如今，长清区共有4家具有国家二级资质的绿化企业，西李村就占了3家，仅苗木产业全村户均年收入达到6万元。特别是我们培育出的拳头产品——嫁接小龙柏，每亩收入达2.6万元，龙柏苗遍布济南、天津等

10多个城市。

为了让村里少部分不种植苗木的乡亲也富裕起来，我借鉴苗木产业成功的经验，带领村里一批有远见、有技术、有事业心的种菜农户，到宁阳、广饶、河南等地考察新的种植模式。经考察发现山药的种植前景很广阔，西李村的土质也很适合山药生长。经多方协调，2007年成功筹建了长清区金西李山药专业合作社，注册了"金西李"商标，这也是济南市第一家农民种植专业合作社，当年入社农户120户，种植面积达到800亩。为把山药产业做大做强，我又联合十三户农民成立无公害山药合作社，自己担任社长，申请批准了无公害蔬菜，济南市农业局认定其为标准化生产基地，为走进大城市、进入超市、出口创汇打下了坚实的基础。

截至目前，全村苗木花卉种植面积增至4000亩，辐射带动周边村庄1.2万余亩，品种达220多个，年产值过亿元。无公害山药种植已达1500余亩，总产量达4500余吨，亩均收入1.6万余元，该村11户贫困户率先实现脱贫并获得长期可持续收入。"金西李"牌山药被评为泉城市民最喜爱的十佳特色农产品，西李村成为名副其实的"济南市山药第一村"。今年根据无公害山药产业发展的需求，我们又投入400多万元建成一处山药深加工生产线，生产老少保健产品"山药面条""山药粉""山药保健酒"，形成三大产业融合，增加农产品的附加值，从而实现农民增收、集体增利、农业增效的目的。

依法治村讲规矩　健全机制树形象

随着村里产业的快速发展，一些村民的腰包迅速鼓起来，但是也出现了打架斗殴、打牌赌博、大操大办、邻里吵架、家庭不和、垃圾乱倒等不文明现象。如何尽快让乡亲们精神文化生活丰富起来一直是我经常思考的。

为此，我在村里建起了法制宣传墙——国法榜，在西李村图书室设置了法律图书专柜,在全市率先试行实施《村规民约》,实现依规管村、依约理村、以法治村;在全村推行网格化管理,全村划分为十八大胡同,设立十八大胡同长,做到小事不出胡同,大事不出村;在村内设置了共产党员广场和党建一条街,将党员的入党申请书、帮扶的贫困户、为民办实事情况全部公开,主动接受群众监督;建立了基层党建服务站,打造了市级廉政建设示范基地——"荷心源",有效传播党建文化正能量。

同时,西李村还建设了协商民主议事厅,创新协商民主模式,通过"三四三"协商民主工作法解决了一大批制约村庄发展的难点问题,架起了党群之间"连心桥";结合全区"树良好风气,创至善之业"活动要求,开展了党员"亮身份、晒承诺、作表率"活动、"我是党员我承诺"活动、党员结对帮扶活动,进一步密切了党群干群关系。

新时代,新使命,新担当。在全区上下加快建设现代化山水魅力新城确保"两年见实效"的关键时期,我们西李村又开始了新的征程:坚持规划先行,以打造"齐鲁美丽乡村示范样板旗舰村"为目标,把美丽乡村建设与乡村旅游结合起来,积极打造以青少年户外教育为主题的西李生态文化小镇,形成研、学、旅于一体的乡村游。目前,初步规划了"八园一街,十品一宴,两场一馆"。"八园"即枣知道德园、养生益智园、百草认知园、喜洋洋亲子园、中华武术体验园、石榴乡风园、有机蔬菜采摘园、盆栽荷花赏景园;"一街"即民俗街;"十品"即山药五品、石榴一品、食用瓜蒌一品、佛指枣一品、山药娃布艺一品、枣宝布艺一品;"一宴"即山药豆腐宴;"两场"即汉文化广场、儒文化广场;"一馆"即乡村记忆馆。

在各级领导的关心支持下,我们西李村从有名的垫底村升级成了有名的富裕村、生态村、文明村,困扰群众多年的行路难、致富难、吃水难、娱乐难、健身难、养老难等问题一一解决。西李村先后被评为"全国绿色小康村""全国科普惠农兴村先进单位""省级文明村""山东省敬老模范村""山东省依法治村先进单位"。我本人也先后荣获全国劳动模范、全国科普惠农兴村带头人、全国"双带"标兵、山东省农村致富带头人、山东省"乡村之星"等荣誉称号。说句实话,我担任村党支部书记14年了,其间有辛苦,也有甘甜;有疲惫,也有迷茫;有付出,也有收获。面对组织的信任,面对入党时的铮铮誓言,面对群众对幸福生活的期盼,我送给大家一句话共勉:唯有担当,唯有作为,唯有实干,方能绘就出彩人生!我愿意把一生献给党!我愿意把一切献给西李!谢谢大家!

西李村党支部书记刘继杰在乡村大讲堂上给农民培训(刘继杰供图)

流
动
之
殇

Village

Observation

爸爸在远方

亲爱的爸爸：

您在远方还好吗？您已经半年没有回家了。说实话我有点想念您，但更想您一定要保重身体。听妈妈说您在工地受伤了，我听了以后偷偷掉了几滴眼泪，我想给您打电话，发微信。昨天我们老师布置了作业让我们给爸爸写封信，所以我就给您写信吧。

爸爸，我希望您工作的时候小心点，不要受伤，我和妈妈都很担心您。

爸爸，我还想您能经常回家，因为我真的很想您。但我又怕您回家后不能打工挣钱，我没法上学，也没钱给爷爷看病，想想我又觉得很矛盾。

爸爸，快过年了，过年您回家的时候，一定骑着摩托车带我去逛街，给我买零食和衣服。

爸爸，说实话，看到别的孩子被爸爸带着玩的时候，我就很想您。但我提醒我自己，我的爸爸在远方，是为了能打工挣钱让我和妈妈还有爷爷奶奶有更好的生活。所以,我一定要好好学习,将来能考上大学,不再让爸爸去远方,也不让我的孩子像我一样。

这是我在一个乡村老师那里看到的一个留守儿童写给在远方打工爸爸的一封信。"爸爸在远方",甚至"爸爸妈妈都在远方"是目前农村普遍存在的现象。在当今中国农村,几乎所有的青壮年劳力都外出打工,留下的是一个个没有父母呵护的孩子和在家种地带孩子的老人或妇女,形成了一个个奇特的"三留守"村。有些空巢村甚至除了老人和少数孩子,就看不到其他任何人了,大面积的房屋荒废无人居住。

这是改革开放之后,大量人口迁移所导致的社会问题。人口的迁移受经济社会发展的制约,也影响经济社会的发展。新中国成立七十多年,以1978年党的十一届三中全会召开为界,人口迁移可划分为改革开放前30年和改革开放后40年两个阶段。受经济体制及改革开放的影响,改革开放以前人口迁移受中国社会主义计划经济体制制约,改革开放以后人口迁移则表现出一定程度的市场化特征,两个阶段的人口迁移表现出完全不同的发展特征。

1949年新中国成立之初,《中国人民政治协商会议共同纲领》确立中国公民在法律上的自由迁徙权。1951年中央政府又出台了《城市户口管理暂行条例》,提出"保障人民之安全及居住、迁徙自由",同时规定公安机关要对城市人口出生、死亡、迁出、迁入社会变动等执行户口管理,该条例标志着新中国城市统一户口管理制度的形成。这个时期,尽管政府实施了人口登记制度,但经济迅速恢复发展和城市经济偏向政策诱发的乡→城人口迁移依旧十分活跃,大量农民流入城市,无业者急剧增多,社会治安恶化。于是,1953—1957年政府先后 8 次发出指示，劝阻农民不要盲目流入城市，改变自由迁移政策为控制城市人口规模、限制农民进城。

1957 年第一个五年计划完成之后，以推进重工业化为主的"大跃进""大炼钢铁""人民公社化"等运动掀起了农村人口涌向城市的乡→城迁移热潮。1958 年农村人口向城市迁移总数达到 3200 万人;① 人口总迁移率超过 9.0%，形成新中国成立以来人口迁移强度的最高峰。② 但与此同时"大跃进"等运动导致了全国性的粮食和副食品短缺危机，中国进入"三年困难时期"。于是，政府于 1958 年 1 月出台了《中华人民共和国户口登记条例》，设计对农村人口向城市迁移的限制性政策，企图通过严格的户籍制度来强化乡→城人口流动的社会限制，保障农村有足够的劳动力从事农业生产，这也标志着国家限制农民进城的二元户籍管理制度正式确立。但是，限制农村人口流向城市仍无法解决城市的粮食危机。1961 年 6 月国家出台《关于减少城镇人口和压缩城镇粮销量的九条办法》，要求 3 年内城镇人口必须减少 2000 万以上。国家开始对整个国民经济实行大规模调整，精简职工和减少城镇人口，大幅度压缩基本建设，动员城市职工、干部和知识青年"上山下乡"，由此揭开了由行政命令支配的"逆城市化"运动的序幕。短短数年，中国完成了由乡→城迁移逆转为城→乡迁移的"U"形迁移周期。"上山下乡"人数在 1969 年达到最大规模（267.38 万人），至 20 世纪 70 年代末期，城市知识青年"上山下乡"和干部下放的"逆"城市化人口累计近 4000 万人。③ 1975 年《宪法》历史性地删掉关于"居民有居住和迁徙的自由"的条文，标志着中国

---

① 杨云彦:《中国人口迁移与发展的长期战略》，武汉出版社 1994 年版。
② 王桂新:《新中国人口迁移 70 年：机制、过程与发展》，《中国人口科学》2019 年第 5 期。
③ 郭东杰:《新中国 70 年：户籍制度变迁、人口流动与城乡一体化》，《浙江社会科学》2019 年第 10 期。

公民自由迁徙和居住的权利失去了宪法保障。1977年国家恢复了中断多年的高考制度，通过"顶替"招工、高考入学、安排工作等渠道帮助农村知识青年和下放干部离乡返城。1977年11月国家出台《关于处理户口迁移的规定》，重启农业户口转为非农业户口制度。1980年9月又相继出台《关于解决部分专业技术干部的农村家属迁往城镇由国家供应粮食问题的规定》，从此提出了人们十分熟悉的"农转非"问题。随后，公安部出台每年"农转非"人数不得超过该市镇非农业人口数的1.5‰的控制指标。"农转非"指标有利于控制城市规模，但也强化了户口的价值意识，在"城里人"和"乡下人"之间划下了边界。

1978年12月，党的十一届三中全会开启了中国改革开放的序幕，家庭联产承包责任制的实行，促进了人民公社制度的解体，把大量的农村劳动力从土地上解放出来，形成了规模巨大的农村剩余劳动力"资源"。"坚持一个中心、两个基本点，集中精力搞经济建设"的政治路线，使农村剩余劳动力流动成为必然。1982年1月，中共中央历史上第一个关于农村工作的一号文件出台，鼓励农民多种经营，农村生产力得到爆炸性释放，剩余劳动力大量出现。但由于当时用行政手段划清城乡户口，严格控制农村户口向城市迁移，横亘于城乡之间的二元户籍制度及社会体制使农村剩余劳动力只能"离土不离乡""进厂不进城"，向这个阶段异军突起的乡镇企业转移，"农民工"这一特殊的社会群体随之出现。

1984年《关于农民进入集镇落户问题的通知》出台，放宽了农民工落户城镇的标准，允许部分符合条件的农民工"自理口粮"落户城镇。除了口粮自理，其他公共服务的权利同城镇居民一样。这个政策文件的颁布，创造并提供了农民进城务工的竞争机会，使农民合法地进城工作成为一种可能，推动农村剩余劳动力开始由"离土不离乡""进厂不进城"的模式向"离土又离乡"的"异地转移"模式转变，人口转移流动的规模和强度渐趋扩大、增强的态势。

1992年党的十四大确立了社会主义市场经济体制，全国经济建设热情高涨，"民工潮"爆发，农村劳动力大规模涌入沿海开发区，出现了著名的"孔雀东南飞"现象。"民工潮"的爆发使城市逐渐形成了一个庞大的"次要劳动力市场"，民工们大都被安排在非正规的部门工作，无法和城市居民享受同等的社会权益，社会保障缺失，同时还被城市人歧视，社会地位与其贡献不成比例。

1994—2014年，政府出台了《关于加强小城镇建设的若干意见》《小城镇综合改革试点指导意见》《小城镇户籍管理制度改革试点方案》《关于完善农村户籍管理制度意见》《关于解决当前户口管理工作中几个突出问题的意见》《关于推进小城镇户籍管理制度改革的意见》《关于2010年深化经济体制改革重点工作的意见》《关于进一步推进户籍制度改革的意见》等一系列户籍改革制度。从"允许已经在小城镇就业、居住并符合一定条件的农村人口在小城镇办理城镇常住户口，以促进农村剩余劳动力就近、有序地向小城镇转移，促进小城镇和农村的全面发展"，到提出"要深化户籍制度改革，加快落实放宽中小城市、小城镇特别是县城和中心镇落户条件的政策"，再到就进一步推进户籍制度改革提出"3方面11条具体政策措施""取消农业和非农业户口，建立城乡统一的户口登记制度"等新一轮户籍改革政策。至此，户籍及其相关制度历经改革，逐渐从"完全的控制体制"回归到"登记体制"，"工具理性"逐渐走向"价值理性"，成为破解城乡二元结构、推进新型城镇化的新起点。这一时期人口迁移迎来了第二个高峰，2014年迁移总人口达到8205万，迁移率（迁移强度）也增加到了6%。

受2008年国际金融危机的影响，2010年中国经济增长速度开始缓慢下降,2015年中国经济增长速度下降到了7%以下。经济增长的减速减缓了就业机会的增长,政府分别于2013年党的十八届三中全会和《2014年的新型城镇化规划(2016—2020)》提出并加强了"严格控制特大城市人口规模"这一政策,试图控制和减少农民工等外来人口。2014年国家要推进以人为核心的新型城镇化,提出着重解决好现有"三个一亿人"问题,即促进约1亿农业转移人口落户城镇,改造约1亿人居住的城镇棚户区和城中村,引导约1亿人在中西部地区就近城镇化。2014年10月出台的《关于进一步做好为农民工服务工作的意见》明确设定了2020年的人口转移总目标:"引导约1亿人在中西部地区就近城镇化,努力实现1亿左右农业转移人口和其他常住人口在城镇落户。"另外在"西部大开发战略""中部崛起战略"等诸多因素的影响下,中国的人口迁移流动趋势发生了逆转,大致在2014年人口迁移规模达到峰值后开始减少。2015年中国迁移总人口数减少到8103万,全国流动人口总量减少到2.47亿人。之后,呈逐年下降趋势。

2016年政府工作报告再提"三个一亿"的目标,并与同年8月颁布《关于实施支持农业转移人口市民化若干财政政策的通知》明确提出"十大政策措施"来支持农业转移人口市民化。

推进新型城镇化和农业现代化发展,关键是要推进城乡一体化发展,促进城乡区域协调发展。2018年党的十九大提出实施乡村振兴的重大战略,发布《乡村振兴战略规划(2018—2022年)》以改变城乡发展不平衡的状况,解决中国发展不协调不充分的难题,转变城乡二元的制度架构为城乡一体化发展的制度架构,实现城乡要素由"单向流动"向"双向流动"转变,促进中国现代化健康发展,让改革发展成果惠及全体人民。

2022年7月国家发展改革委印发《"十四五"新型城镇化实施方

案》，提出坚持以人民为中心，继续把推进农业转移人口市民化作为新型城镇化的首要任务，以提高市民化质量为核心，存量优先、带动增量，从户籍制度改革、城镇基本公共服务均等化、提升市民化能力等方面统筹谋划，使城市市民化政策供给水平更加适应转移人口市民化的需求变化，探索系统协同、供需互促的农业转移人口市民化新机制，使农业转移人口"进得来、留得住、有发展"，全面增强农业转移人口融入城市的能力。

回顾新中国成立七十多年来人口迁移的发展历程，不难发现七十多年来中国人口迁移的规模和强度总体上呈"由小到大"不断增强的态势。但由于改革开放前30年与改革开放后40年所实行的经济体制不同，相关的政策不同，人口迁移所表现出来的属性特征也不同。改革开放之前，中国实行计划经济体制，人口迁移主要以"工作调动""分配录用"等政府主导型迁移方式为主，"务工经商"等市场自发型迁移方式占比较少。这个时期的人口迁移基本上是由东部经济较发达地区迁移至经济相对落后的中西部和东北部地区，主要是随着户籍变更的户籍人口迁移，人口迁移受政府干预影响，总体处于低水平，起伏波动较大。在城乡人口迁移的模式上，这个时期曾出现大规模的由城市迁移到农村的"逆城市化"城乡迁移模式。改革开放之后，中国逐渐向社会主义经济体制转变，人口的迁移开始由政府主导型为主转变为以市场自发型迁移为主。随着区域经济发展的差异变化，中西部地区的人口开始向东部地区迁移，这一趋势并不断得到加强。人口迁移的城乡模式，在改革开放之后也发生了逆转，经济的快速发展及农村大量剩余劳动力的出现，掀起了农村地区人口向城市迁移的热潮。但受户籍制度的影响，农村人口的城市化迁移主要为不伴随户籍变更的"不完全"迁移，这种"不完全"迁移又造就了中国独特的"半城市化"问题，以及由此而产生的农村"三留守"问题。

乡村观察

"留守的"

2019 年 7 月 1 日至 8 月 31 日，坐标鲁西北地区 W 镇 Y 村

2019 年的暑期，山东新型城镇化研究所"乡村观察"大学生暑期调研的同学们，在 Y 村围绕"空巢现象给乡村带来怎样的影响"这个专题进行了为期两个月的调研。以下是他们的调研札记《无人的村落》。

Y 村位于山东淄博周村区的郊外——W 镇的边缘，地处丘陵区，距离城区比较远，是省级贫困村。

Y 村空巢现象普遍，年轻劳动力都进了城。艰难的物质条件让更多年轻人选择离开农村，进城挣钱买房、结婚生子，剩下少数老年人和年轻人留在村里。留存村民中老年人占比达 80% 以上。越来越多的年轻人在整个家庭的经济帮助下考上大学并顺势在城里就业，一些身体健康还能吃点苦的村民也进城打工，不仅如此，村里一家企业都没有，大学生等各类返乡就业创业人数更是为零！

这也就是说，这个村的年轻人是只出不进的，作为农村发展的年轻顶梁柱是缺了再缺，村中人口严重老龄化。再加上中老年人群年龄大了后各种老年病都出来了，有腿疼腰疼颈椎疼的，有脑梗血栓半身不遂的，有高血压糖尿病冠心病的，除了患老年病的还有早年出事故虽能自理但丧失劳动力的，甚至还有智力缺陷的……人口大大减少的背景下再加上如此多身体状况不好的村民，村里真正"干得动"的人寥寥无几。

村里有位老太太，年近八十依然特别能干，平时身体健康，耕地爬墙做家务样样精通，丈夫脑血栓后落下了毛病，说话受影响，生活也不能自理，只能坐在轮椅上靠老太太悉心照顾，她的子女都不与她一起住，住得最近的是大儿子，但前些年大儿子出车祸成了残疾，家庭条件很一般。老太太胃病有些年头，怕花钱一直没去看。今年夏天一天晚上她突然胃异常疼痛，因为不会打电话，丈夫又不能起床也没法给孩子们打电话求救，老太太只能爬着去大儿子家，让他叫救护车。当时情况危急，大儿子还在犹豫要不要送往大医院，因为家里只有摩托车，医院离家特别远。几番折腾后才叫了女儿开车送去医院。检查结果是胃穿孔，淌出的胃液随时会侵蚀内脏，危及生命。

留下这样一群中老年人在村里，就算偶尔还有几个未进城的年轻人，村庄的发展靠谁来解决呢？没有年轻劳动力的老龄化村庄如何振兴？经济如何发展？这是我们面临的巨大难题。

2019年7月11日至8月25日，坐标鲁西北地区Q镇X村

2019年暑假我在Q镇访谈了X村的三个留守儿童以及三个孩子的父亲。因三个孩子的父亲在家时间不能同时，7月11日到8月25日我先后分三次进村，才完成了访谈任务。三个小朋友分别是：8岁的梦雨小朋友（女）、12岁的大壮小朋友（男）和他6岁的弟弟小壮。X村现居住有90户，村总人口361人，劳动人口216人，党员10名，预备党员1名，村"两委"班子6人，低保户4户共5人，X村属于农业生产村，全村耕地面积450亩，人均土地1.2亩。村民主要经济来源为外出务工收入和种植小麦、玉米、蔬菜等所得，人均收入在18000元左右。

梦雨的爸爸和妈妈在深圳东莞一家电子厂打工，1986年出生的他们正是上有老下有小的年纪，经济压力比较大。为了供养留在家里有慢性病的父母和上学的女儿，梦雨爸爸每月都会在工资中抽出3000—4000元寄回老家。梦雨这样和我描述她眼中的爸爸：

流动之殇

　　我爸爸长得可帅了，可是我很少见爸爸。我爸爸妈妈在离我很远很远的大城市深圳工作，我奶奶说要是我不好好学习，爸爸妈妈就不回来了。我特别害怕爸爸不回家，我和我奶奶两个女人都离不开他呢！因为奶奶每天都要吃药，我要吃好吃的。爸爸每月都给奶奶寄钱，让奶奶给我买零食和好看的衣服。阿姨你也在城市工作吗？城市里有好看的电影和好吃的肯德基吗？我爸爸昨天给我打电话说要是我考试第一名他就接我去深圳吃肯德基看大电影。我想带着我奶奶一起去，让我爷爷在家看家喂鹅，我们家的鹅可好了，每天都给我下一个大鹅蛋。不知道坐火车能不能带着我的鹅，要是能带着，我也想带着爷爷去深圳。让我爷爷和奶奶都看看大电影吃个肯德基。

　　梦雨爸爸因为要回家开一个证明，所以在不是过年过节的时间回了家。我得知他回家的时候正好也要去X村找牛叔侃大山，牛叔说梦雨爸爸从小就是个手巧的人，他们家的电风扇、洗衣机都是自己动手做的。梦雨爸爸因不能陪伴在孩子身边而备感自责：

　　我不是一个好爸爸，这一点是肯定的。当她（梦雨）还很小的时候，我就没在她身边，她三岁以后她妈妈也去了深圳和我一起打工，我们亏欠孩子很多，但是为了生活，我们也只能这样选择，要不经济上没有办法。除了给钱，别的啥也做不了，都要靠爷爷奶奶，因为我们一年只能见她一次。在深圳很多时候想孩子，想家，几乎每天晚上都会和她们（孩子和父母）微信视频聊一会天，闺女要是说要买点什么，我通常都会毫不犹豫地答应她，她妈妈老说闺女要富养，尽管我们农民工没什么钱，但是一件漂亮的衣服，一本书，一个玩具还是要尽量满足孩子的。很多时候也会担心孩子的安全，会不会去河边耍啊，上学路上安全不，心里经常七上八下的，只有每天晚上视频后，知道他们在家都很好心里才踏实，但是第二天就会又开始担心。要是我能挣大钱，在深圳买套房子把闺女和老爹老妈接过去就好了，但是这一辈子都不可能了，深圳房价太高了，可不是我们敢想的，哎，我现在就是想，混几年挣够钱，就回家在我们县城买套房，做个电器生意，也能照顾老人和孩子。

大壮和小壮的爸爸在徐州一个煤矿工作，既遥远又危险。因为煤矿发生瓦斯爆炸，受伤回家养伤。用他自己的话说就是，这次鬼门关又没有对他开门，躲过一劫，活着真好。说到两个孩子，他是这样说的：

> 大壮还不会走的时候我就去矿上干活了，大壮是我老婆和我父母一手带大的，所以大壮和我不亲。后来大壮上小学那一年，小壮又出生了，大壮这个孩子比较懂事，知道妈妈月子里不方便洗尿布，他放学回家都会主动把弟弟的尿布洗完，毕竟只是个六岁的娃，还是个男娃，我是发自内心觉得对他有亏欠。小壮一岁之后，他妈妈就带着小壮来矿上和我一起住宿舍，这样既能照顾我，也方便我陪伴小壮的成长，因为我实在不想让小壮也从小和我不亲。小壮三岁之后，因为牵扯上学问题，他和妈妈又回来了，没办法，城里的学费太贵，承担不起啊。小壮刚回来的时候给我打电话经常哭，说想爸爸，问我啥时候回家。我虽然是个男人，其实我平时很想念儿子，每次想他们的时候我都非常伤心，即使大壮不和我亲，也不怎么听我的话，只听妈妈的话，我还是想他，谁让他是我儿子呢。听到儿子们喊爸爸，我觉得我做啥都

值了，多么危险我都不怕，只要能赚钱养活他们就行，就值。

大壮和小壮分别是这样描述爸爸的：

  大壮：我爸爸挣钱不容易，我理解他。

  小壮：我爸爸是天下最好的爸爸，会给我买我最爱吃的蛋糕。

  大壮：但我从小到大也没见爸爸多少次，从心里说，确实和他不亲。

  小壮：爸爸工作的那个地方很危险，我爸爸是最勇敢的爸爸。

  大壮：很小的时候我很长一段时间都以为我没有爸爸，但不敢问妈妈，妈妈在家很辛苦，所以我很听妈妈的话，也经常帮妈妈洗袜子、刷碗。

  小壮：我想去爸爸的矿上上学，妈妈说要是在那儿上学，爸爸就会干更危险的工作，所以我更愿意在家里上学。

  大壮：爸爸受伤回家养伤这段时间，我和爸爸亲密了很多，更多地理解他了，以后我一定好好学习，用学习成绩报答他。尽管我现在成绩很差，哎。

  小壮：我希望爸爸住在家里不走了，我不想让爸爸再去矿上了。

城乡迁移的过程，不仅给农民工带来了工作的机会，让他们挣到了钱，体验了丰富多彩的城市生活，同时也将他们从亲密的家庭网络中分离出来，付出了情感的代价。在当下的中国环境里，做一个城乡迁移的农民工意味着"要在用艰难的工作换取经济收益和失去与孩子

乡村观察

及父母的情感代价之间寻找平衡"。这些迁移的父亲（母亲）或者儿子（女儿），他们不但要重建他们与留守子女的关系，还需在这个过程中兼顾留守父母的赡养问题。这些由农村转移到城市的农民工们所经历的情感问题，也反映了社会变迁过程中的另一个鲜为人知的问题。

寂寞的余晖

老年人种田

当前中国的绝大多数农村地区都已经形成了以代际分工为基础的"半工半耕"家计模式，这种家计模式又称为"劳动力再生产模式"。在这种家计模式中，一种情况是年轻子女进城务工经商，年老父母留村务农，另一种情况是进城务工经商的农民工年龄大了以后返乡务农。这样的"半工半耕"农户的家庭收入来自务工收入和务农收入，在全国统一劳动力市场情况下，农民家庭的收入差距主要体现在外出务工经商的劳动人数上，一个家庭中外出务工经商的人数越多其家庭收入就越高。这种"半工半耕"的农户家庭要占到中国全部农户家庭的约2/3，也就是说当前中国农业劳动力主要为中老年农民，农业已然变为老年农业。

中国目前有2亿多以中老年为主的农业劳动力，1.33亿公顷耕地，劳均耕地不足0.66公顷。一家不足10亩的土地无法获得支撑一个家庭体面生活的经济开支，所以他们选择进城务工，以此来获得全国平均的劳动力市场价格的收入。农村中年龄较大的中老年人一辈子都和土地打交道，面朝黄土背朝天，种地是他们生命中的一部分，对土地有着深厚的感情，对他们来说在家种地，劳动不累，收入不高，但生活水平并不低，也会有很多闲暇时间，这是一种很好的退养的生活方式。另一方面对那些在城里打工的年轻人来讲，家中有地，当在城里工作失败，不能体面地在城市安居的时候，也能返回农村，作为生活的保障。这样来看，在中国劳均耕地不足 0.66 公顷，人均劳动力可以轻松耕种 2—3.33 公顷耕地的现实情况下，年轻人外出务工经商，老年人留守种田以代际分工为基础的"半工半耕"家计模式，也是一种好的选择。

2018 年 7 月 24 日，坐标鲁西北地区 Q 镇 X 村

从牛叔家出来，到村东头的消夏广场转了一圈，这儿全是附近几个村子来此消夏的老人们，广场东边是一片农田，正好偶遇了地里劳作回来的王叔。

我：大叔，您这是刚在地里忙完。

王叔：恩。种了点秋黄瓜。

我：咱们家大规模种植蔬菜？

王叔：没有。家里一共 3 亩地，加上儿子的 4.5 亩，我和你婶子一共种了 7.5 亩地，主要种了小麦和稻子。这边有一分田，种点蔬菜自己吃方便，不卖的。

我：咱们家种粮一年能挣多少钱？

王叔：种粮食能挣什么钱，我种地主要还是考虑全家吃粮不用花钱，也能给孩子们供应点蔬菜，自己种得放心，他们在城里买的菜贵不说，农药太多，吃着不放心。

我：那您给我算算种粮的成本和收入吧。

王叔：一亩地能产小麦 800 斤，一斤小麦 1.5 元左右，刨除期间投入的种子、农药、化肥、浇灌、播种、收割等费用，一亩地种一季的小麦也就能挣 500 元左右。稻子的价格高，产量也高一些，但稻子的种植成本比小麦高，一季一亩地基本也差不多 500 元左右。我 7.5 亩地一年种这两季庄稼也就 7500 元的收入吧。

我：这么说，地少了种地确实不挣钱，需要规模化经营。

王叔：咱们老人家种田也搞不了规模化，能帮孩子一起种着就不错了。等再老了种不了的时候就包给村里的种植大户种，一亩地 300 元，包给他们种比抛荒好，孩子以后想回来种地的时候再要回来。

我：哦，咱村里有种植大户？

王叔：有几家没有外出务工的年轻人在家种地，一家大约种 30 亩地的样子吧。他们种的地多，种植品种也多，一年农业收入大约 3 万元吧。

我：您觉得现在种田的最大困难是啥？

王叔：基础设施不行，村里现在基础设施无人管，一家一户自己种那点田又不可能去搞基础设施建设，浇地不方便，土地零零碎碎的集中收割也困难，很多老人因为浇地太困难种不了，就不种了，村里也是荒了一些地。要是村集体能把基础设施建设好，实现排灌自如、机耕机收，我们到 80 岁种这些地也是没问题的。

我：您说得对，我们现在不是无人种田，是怎么让田可以更好地种植起来。

王叔：姑娘你可说对了，土地抛荒的根本原因不是老人们不想种田，是有田无法种，有田不好种。

我：也是，老人们就是闲不住，不想闲。

>王叔：农村老年人不种地能干啥？进城务工又没人要，孩子们也有经济压力，不能光等着孩子们来抚养，家里种着一亩三分地，就能维持生活，也给孩子们减轻点压力和负担。再者说，我们都种地种了一辈子了，对土地有感情，见不得糟蹋土地，力气大就多种点，力气不行了就种少点，既能保障最基本的生活需求，又能为子女照顾小孩，挺好。

不难发现，老年人留守种田以代际分工为基础的"半工半耕"家计模式，是基于中国人均耕地少，种地不如打工收入高的合理选择。总的来说是因为人均耕地面积少，农产品价格低又极容易受到天灾的影响，外出打工远比种地收入高，农村没有太多的挣钱方式，村里老人也闲不住，他们对土地感情深厚又愿意种田。但是，老人种田集约化程度低，与市场对接困难，种田不赚钱，势必会出现土地抛荒，粮食减产。要解决这个问题就需要国家基金大搞农田基础设施建设，改善种植条件，实现排灌自如、机耕机收，让老人们轻松种田，解决有田无法种的问题。

流动之殇

耕种

乡村观察

完美合作

流动之殇

收获

收获

养老的出路

尽管前面"赡养与孝道"部分我已经提及农村老年人的养老出路问题，但我还打算在这里专门关注这个问题。

前面已经提及，中国农民在传统社会血亲价值观念支配下必然选择的"养儿防老"养老模式受到大规模"城乡迁移"的冲击。城乡大规模迁移造成的父母和成年子女的长时间分离，一方面致使成年子女无法侍奉和照顾他们的父母。另一方面，城乡的迁移使农民工接触并了解了西方价值和现代文化，从而弱化了他们对孝顺的接纳程度及他们回馈父母付出的义务感。同时，中国在20世纪70年代开始实施的计划生育政策，使家庭养老保障人力基础受到削弱。原本由多个子女共同赡养一个老人演变为现在的少数子女赡养多个老人，一对独生子女夫妇则要面临四个甚至四个以上老人的养老问题，从而加重了家庭"养儿防老"的人均负担。未富先老、人口流动、安土重迁等因素也导致农村地区空巢家庭陷入"养儿防老"困境。

如前已述，老龄化和城乡人口大规模异地迁徙，使传统的家庭养老模式面临巨大压力，留守老人的养老问题，处境艰难。养老的矛盾，一方面使很多生活不能自理的留守老人无法维持基本生活，另一方面使进城务工的子女因照料老人而无法在城市安心务工。"孝道"与"谋生"陷于两难的境地，子女因无法照顾老人而感到内疚与无力，老人因拖累子女也产生深深的歉疚感。于是，很多农民家庭产生了"家庭养老"之外的"社会养老"需求。

目前"社会养老"的形式除了商业性的社会养老机构（主要对应高收入群体），政府举办的乡镇福利养老院（主要对应农村五保群体）、干休所（主要对应军队干部）之外，就是基于老人农业和村庄熟人社会的互助养老构想（主要由农村低龄老年人为丧失生活自理能力的老年人提供基本照料，主要对应农村高龄老年人）。[1]

相较于商业性的社会养老机构、福利养老院和干休所来说，农村互助养老模式具有成本低、风险低、易接受等优势。这是因为在村庄熟人社会中，信息是全透明的，互助照料中的权责关系不用进行复杂的制度设计，在互助照料中也不会出现其他正规养老机构常有的道德风险，可以做到低成本和低风险。

传统的消费储蓄观念，及对成人子女重新组建家庭的"供养"，使农村老人储蓄不足，没有足够经济条件选择市场化的机构养老，加上"五保""低保"覆盖面较窄，能够享受"五保"和"低保"政策的只是村里极其少的一部分老人。[2]

因此，针对乡村地域广阔、人口分散而居，社会养老机构供给几乎空白的现状，农村互助养老或许应该是应对"未富先老"的农村老龄化挑战的最佳出路。[3]

---

[1] 贺雪峰：《如何应对农村老龄化——关于建立农村互助养老的设想》，《中国农业大学学报》（社会科学版）2019年第3期。

[2] 钟仁耀等：《我国农村互助养老的制度化演进及完善》，《四川大学学报》（哲学社会科学版）2020年第1期。

[3] 贺雪峰：《互助养老：中国农村养老的出路》，《南京农业大学学报》（社会科学版）2020年第5期。

中国农村的一个重要特征是所有农民都可以与土地结合起来。中国农村土地集体所有，所有农户都有宅基地和承包地。"以代际分工为基础的半工半耕"家计模式中，一种情况是年轻人进城务工经商，年老父母留村务农，另一种情况是进城务工经商的农民工年龄大了以后返乡务农。只要身体健康七八十岁的农村老年人仍然参加劳动，在农业机械化条件下，老年人种田一点问题都没有，并且他们相较于年轻人种田的经验丰富，对土地的感情也格外深厚。因此，老年人种田一般都是精耕细作，产量很高。尽管农业收入比较低，但农村自给自足的经济使农村的生活成本也很低。这种有自家住房居住，有庭院种花养草，有承包地耕种，有农闲休闲娱乐，有熟悉的老友陪伴的日子，就是好的日子。

中国农村的另外一个重要特征是村庄是一个生于斯、长于斯的熟人社会。农民一般世世代代生活在同一个村庄，村子里非亲即邻，人与人之间非常熟悉，有社会的支持与互助，也有相互之间的礼尚往来。村庄不仅是农民生活生产的场所，更是一个伦理共同体，人与人之间通过交往，产生出价值与意义，从而产生安全感与归属感。

当前中国农村还有一个重要的特征是在村子生活的人主要是老年人。前面已述，当前中国的农村在快速城市化背景下，绝大多数的农村青壮年劳动力选择进城务工经商，村子里主要是留守的老人、妇女和孩子。据《中国人口和就业统计年鉴》数据，2016年中国乡村老年人口占比为19.1%。山东新型城镇化研究所2019年对山东省1000多个农户的调查表明，当地农业经营人员中50岁以上人员所占比例高达76.92%。

村里的老人主要分为三类：一是身体健康，有劳动能力，有闲有钱的低龄老年人。这些老年人一般父母已去世，儿女已成家，除了部分老人有需要照顾留守的孙辈，就再无其他生活压力，生活比较安逸。二是身体状态已经不太好，甚至是失能、生活不能自理的高龄老年人。这些老年人一方面是生活自理困难，需要被照料，另一方面是经济困难，看病需要花钱。这部分老年人如果夫妻一方的身体状况还比较好，会得到老伴的照料，但如果夫妻双方身体都比较差，或者已经丧偶，这时就需要得到子女的照料。虽然大多数失能老人都得到了老伴或子女相当程度的照料，但村子里总有一部分这种情况的老人，因失能又缺乏照护，生活质量很差，比较凄惨，有的会病情加重很快去世，有的会自己选择自杀。三是介于上述两类之间的老人。这部分老人劳动能力已经慢慢地失去了，不能种地了，但还能生活自理，他们依靠自己的积蓄和儿女的经济支持，基本的生活没有问题。他们的生活质量比不上每天都是好日子的低龄老人，但绝对高于生活不能自理失能高龄老人，总体上也算不好不坏。

　　从农村老年人的养老实际出发，农村养老问题主要是那部分失能且生活不能自理老人的照护问题。经济供给不足、生活缺乏照料以及精神缺乏慰藉是这部分老人面临的主要问题。

　　依据我们的调查，农村老人大部分都不愿意去商业性的养老机构养老，一是因为需要高额的费用，二是这种养老机构管得太严，没有自由，三是靠制度而不是靠人情的照护保障，让农村老人没有信任感。同时，那些孤寡老人也会因为失去自由而不愿到农村乡镇幸福院中，除非已经不能生活自理不得不去。这种情况下，依靠村里低龄老人来照顾高龄老人的互助养老形式就成了农村养老的重要出路。或者可以说，不出村口、在家门口就能安逸养老、快乐养老，是"乡土情深"的农村老年人的基本"底线需求"。

　　农村互助养老首推河北省邯郸市肥乡区前屯村的"互助养老幸福院"。2008年，村委会将闲置校舍改造为"互助幸福院"，经老人本人申请，儿女同意后，即可入住，并通过自助和互助的形式解决日常照料问题。此后，肥乡模式在山东、湖北、四川等地开始试点探索。①民政部指出，农村幸福院是"村集体办得起、老年人住得起、政府扶得起"的养老模式，体现了农村养老服务发展的方向。② 2013年，财政部和民政部联合发布《中央专项彩票公益金支持农村幸福院项目管理办法》，提出加大对幸福院建设的资金支持力度。2021年《中华人民共和国国民经济和社会发展第十四个五年规划和2035年远景目标纲要》明确将发展农村互助性养老作为应对人口老龄化的国家战略。有学者也认为，互助养老是当前农村养老服务的有效补充，③在农村大有可为。④

2008年，针对农村留守老人、独居老人和失能、半失能老人逐年增多的现实问题，为使农村老年人老有所养、老有所乐，结合村里实际，尊重传统习惯，河北省邯郸市肥乡区大胆实践，创造性地探索出了"集体建院、集中居住、自我保障、互助服务"的农村社会养老新模式——农村互助幸福院，走出一条具有肥乡特色的农村养老新路子。当年8月在前屯村创建了第一家"互助幸福院"。集体建院，即由村委会筹资对村集体闲置房屋进行整修改造，建设互助幸福院。村集体承担水、电、暖等日常开支。集中居住，即本着子女申请、老人自愿原则，凡年满60周岁、生活能够自理的独居老人，由其子女与村委会签订协议后免费入住；孤寡老人和"五保户"可自己提出申请，村委会研究同意后入住。自我保障，即入院老人的衣食和医疗费用由老人及其子女自行承担；"五保"老人生活费用由县财政承担。

---

① 金华宝：《农村社区互助养老的发展瓶颈与完善路径》，《探索》2014年第6期。
② 窦玉沛：《实施农村幸福院项目 着力提升老人幸福指数》，《社会福利》2013年第6期。
③ 杜鹏、安瑞霞：《政府治理与村民自治下的中国农村互助养老》，《中国农业大学学报》（社会科学版）2019年第3期。
④ 贺雪峰：《互助养老：中国农村养老的出路》，《南京农业大学学报》（社会科学版）2020年第5期。

互助服务，即由年龄较小的照顾年龄较大的，身体较好的照顾身体较差的，彼此协助，共同生活。集体建院，解决了农村养老投入这个难题；集中居住，由于习惯相近、志趣相投、具有共同语言的老人生活在一起，解决了他们缺乏精神慰藉，孤独寂寞的现实问题；自我保障，帮助子女实现了赡养父母的心愿，保证了幸福院的正常运行；互助服务，减少了管理人员，降低了幸福院经营成本。

农村互助幸福院的做法，首先，顺应了社会化养老需求。改造建设互助幸福院有效利用了农村闲置资产，符合农村经济状况，有效解决了政府财力不足，农村集体经济薄弱，农民子女有心孝老、不能陪伴的问题，实现了老人开心、子女放心、政府省心的良好效果。其次，符合传统养老习俗。互助幸福院作为居家养老的补充形式，一般建在本村，老人进院不离家，不违背农村老人恋土守家的心理状态。老人的一日三餐费用由子女负责提供，儿女们经常送米、送面、送菜，看望老人。老人们既享受到了集体生活的快乐，也感受到了家庭的温暖。再次，丰富了老年人的生活。互助幸福院配备了必要的文体设施，丰富了老年人的精神生活。最后，促进了社会和谐。互助幸福院不仅为老人们提供了一个老有所养、老有所乐的生活场所，更促进了家庭和睦、社会和谐。

2020年9月18日，坐标鲁南地区S乡L村

到L村养老食堂的时候，正赶上老人们在用餐。桌上摆着热气腾腾的胶东大饽饽、芸豆炖土豆、凉拌豆腐、小咸菜。杨叔（L村的村支书）招呼我坐下一起吃，我拿了个马扎坐在一边和杨叔他们聊天。

我：杨叔，老人们在养老食堂吃饭需要交钱吗？

杨叔：在我们S乡，这样的养老食堂，村村都有的，收费都一样，就是一顿饭老人交 1 元钱。

我：1 元钱？那我们养老食堂的经费从哪里来呢？

杨叔：上级拨一点、村里出一点、社会捐一点、子女出一点，基本上能保障养老院的运行。

我：除了提供饮食服务，还有其他服务吗？

杨叔：除了提供饮食，我们还请了护理员，对那些行动不方便，无法到村养老食堂集中就餐的贫困老人，提供送餐上门、卫生清扫、拆洗衣被、陪护就医等服务。

我：这些护理员是本村的吗？

杨叔：护理员都是本村有劳动能力的贫困妇女，通过培训上岗，每月薪酬 700 元。

我：这样同时解决了"脱贫"和"解困"两个难题，不孬。

杨叔：我们乡常住人口 2.1 万，仅有 1533.33 公顷山岭薄地，全乡 34 个村中有 17 个省定贫困村，建档立卡贫困户 2002 户，脱贫攻坚任务艰巨。今年 6 月，我们乡在全市率先实现村居"互助养老"全覆盖，34 个村全部建起了"养老食堂"，供养 396 位贫困老人，为 49 名贫困妇女提供了稳定的就业岗位。

我：咱们 S 乡的互助养老走在了全市的前列啊。据我们调查，WL 县也已经在全县普及"互助养老"，目前全县 1/4 以上的村子都已建起了养老食堂，结对帮扶建档立卡贫困老人 1314 名，为 225 名有劳动能力的居家贫困妇女提供了就业岗位。

杨叔：是的，为了保障"互助养老"长效运转，我们县委、县政府制定出台了《WL 县农村互助养老工作管理办法》，推动互助养老扶贫制度化、规范化运转，保障资金运转。我们的"互助养老"创新做法被写入了中共中央、国务院《关于打赢脱贫攻坚战三年行动的指导意见》呢。

我：真是不错，咱们县的"互助养老"扶贫工作，为从根本上解决农村居家养老这一难题提供了有益探索，为农村养老提供了一个范本。

虽然政府和学术界对互助养老理念寄予厚望，但总体而言，该模式的实践效果并不理想。除了受"养儿防老"传统观念的影响，农村老人参与互助养老的意愿不高之外，农村互助养老还面临制度保障、资金保障、有效服务供给不足等问题，[1] 规范政策和扶持政策缺位不仅导致互助过程中的纠纷化解无法可依，也无法调动多元社会力量参与互助，[2] 在养老资源代际互换过程中，劳务质量数量标准难以衡量和跨区域通存通兑等难题有待解决，[3] 资金来源渠道匮乏和不稳定也制约着互助养老的推广和稳定发展。为了全面了解农村互助养老的实际情况，我们团队于2020年11月至2021年1月在山东省10个地级市20个县区进行了"农村互助养老"专项问卷调查。本次调查样本覆盖鲁东、鲁西、鲁南和鲁北、鲁中山东全境，鲁东地区抽取青岛市即墨区，鲁西地区抽取德州市临邑县、德州市平原县、德州市武城县、聊城高新区，鲁南地区抽取日照市五莲县、日照市东港区、临沂市郯城县、临沂市莒南县、济宁市邹城市、济宁市鱼台县、济宁市微山县、菏泽市郓城，鲁北地区抽取滨州市阳信县、滨州市滨城区，鲁中地区抽取济南市天桥区、泰安市东平县、泰安市肥城市、潍坊市青州市、潍坊市诸城市。问卷从服务供给和服务需求两个方面询问了被访个体的互助养老意愿，同时详细询问了被访者的个体特征、家庭特

---

[1] 周鹏：《以互助养老补齐农村养老短板》，《人民论坛》2019年第29期。
[2] 纪春艳：《新型城镇化视角下农村互助养老模式的发展困境及优化策略》，《农村经济》2018年第1期。
[3] 陈功、王笑寒：《我国"时间银行"互助养老模式运行中的问题及对策研究》，《理论学刊》2020年第6期。

征、子女特征、父母特征和社区特征。该次调查共回收有效样本30902份,其中60岁及以上老年群体样本数17744个,50—59岁群体样本数量13158个。具体统计事实如下。

第一,受"养儿防老"传统观念的影响,家庭养老仍是农村养老的主要模式,但是调查结果显示,仅不足半数的老年人表示对家庭养老非常满意,近1/4的老年人认为家庭养老状况一般。而且在调查中,接近40%的老年人对将来养老持比较担忧或非常担忧的态度。从健康状况来看,32.71%的老年人健康状况一般(完全丧失自理能力、身体残疾或患有"三高"等慢性疾病),在70岁以上的老人群体中,这一比例达到46.78%,因此老年人的自理能力较弱,仅凭一己之力可能无法安度晚年。可见,农村地区面临的养老形势较为严峻,农村养老已成为政府、社会和家庭共同面临的难题。

第二,互助养老在家庭养老式微、政府难以独自承担养老重任的背景下应运而生,但这一备受政府和学术界青睐的新型养老模式却在农村遇冷。调查结果显示仅58.63%的被访对象愿意参与互助养老。在调研过程中,我们将互助意愿分解为愿意成为互助养老服务提供者的意愿和愿意成为互助养老受助者的意愿,调研结果显示,67.75%的老年人愿意成为互助养老的受助者,仅有63.17%的受访者愿意为他人提供养老服务。互助养老强调供需意愿统一,目前农村居民参与互助养老的意愿不仅较低,而且存在供需意愿不一致的问题。因此,如何激活农村居民的互助意愿是未来实践中面临的重点和难点。

第三,互助意愿受个体特征和家庭特征以及经济状况的影响。首先,从个体特征来看,年龄和受教育程度是影响互助意愿的重要因素。调查结果显示,个体的年龄越小、受教育程度越高,参与互助养老的意愿越高。从年龄来看,对于60—69岁的老年人而言,参与意愿高达60.90%,较80岁以上老人高11.70个百分点。年龄越大的老人，受家庭养老传统观念的影响越大，从而更不愿意接受家庭成员之外的其他人提供服务。从受教育程度来看，互助意愿伴随学历提高而稳步上升。其次，从家庭特征来看，单身（包括未婚、离异和丧偶）个体的互助意愿较低，在婚老人更能切身体会相互扶持对于养老的重要意义。个体的互助意愿与其子女数量或者能够提供照料的子女数量负相关，这表明各种养老方式之间可能存在替代关系。父母在世的个体参与互助养老的意愿相对更高，这可能是由于为父母养老的过程有助于子女更为充分地认识互助的优势。再次，从经济状况来看，个体对家庭的经济满意度越高，家庭收入增幅越大，越愿意参与互助养老，这可能是因为目前的互助养老实践需要个体缴纳一定的费用，从而降低了经济状况欠佳个体的互助意愿。最后，村干部积极关注域内的养老问题，通过支持养老事业发展，向村民传达社区愿意承担养老责任的信号，有助于激活居民参与互助养老的积极性，从而推进社区养老模式有效运转，最终有利于推动包括互助养老在内的养老事业的发展。

也就是说，农村互助养老是一种适合中国国情的新型就地式社会化养老服务模式，在一定程度上缓解了农村养老资源短缺问题，将促使农村老人由赡养到善养转变。政府应多措并举大力发展好农村互助养老，强化制度设计，完善制度配套；多元筹资、保障互助养老资金充足，盘活现有资源，保障有效服务供给；加强互助理念宣传，形成以老助老良好社会风气，更好地为农村老人提供高质量养老服务。

流动之殇

农村养老保险证

乡村观察

自力更生

流动之殇

盼归

无农的村落

城镇化的快速推进和大量农民进城务工，导致了农地非农化和农地抛荒。因此中国农村就出现了很多有农无地（有农民无土地）与有地无农（有土地无农民）的村落，这两种村落我在这儿暂称为"无农的村落"。

为推进中国新型城镇化建设，那些因"村改居"从拥有土地变成失去土地的农民，我们称他们为失地农民。"村改居"是区别于产业升级和人口集聚驱动，由政府"土地财政"政策推动、行政主导的新型城镇化模式，是中国推动快速城镇化的产物。目前中国"村改居"社区类型主要有城市扩张型的"城中村"、新城开发型的"城乡接合部村落"和土地流转型的"纯农村村庄"。"城中村"在城市吸纳农村自发城市化过程中形成，在这个过程中城市空间不断扩张，农村土地被划入城市范围，农民因此而失地，形成失地农民。政府建设城市新区，对城乡接合部地区进行统一规划，征用村庄宅基地和部分耕地，集中安置失地农民后形成"城乡接合部村落"，属于新城开发型城镇化发展模式。政府为获取城市建设用地指标，发展村庄经济，将一部分土地流转给大型企业统一运作管理，进行现代化农业生产的过程中，导致一部分"纯农村村庄"的农民失地，农民失地之后政府还需流转一部分土地来集中安置失地农民，属于集体经济发展式城镇化模式。不管哪种形式的"村改居"社区，农民都被动地参与了城镇化的过程，这些失地农民的安置与市民化问题就成了城镇化过程中的核心问题。

我们在调研中发现，巨额的征地补偿制造了"征地暴富"的神话，但失地农民的人力资本能力、城市融入能力以及家庭可持续发展的能力并没有得到提升，因暴富产生的吃喝嫖赌、以逸待劳等因富致贫的社会现象普遍存在，大量失地农民面临着生产生活、就业收入、保障及其家庭可持续发展问题。传统的乡村赖以乡土而维系，以土地为中心形成村庄发展状态，以土地为依托形成家庭生活保障，以土地为对象形成农民的就业选择。土地承载着农村家庭的生产生活、就业收入、经济保障等功能，同时农业生产生活方式又赋予了农村家庭社会交往的空间和家庭照料的时间，因此土地是农村家庭发展能力的支撑和保障，当土地被动失去之后，建立在土地上的功能也相应地被剥夺，农村家庭的社会网络构建、家庭保障结构、生产方式、就业结构和收入结构都将受到影响，这意味着整个家庭为了适应城镇化的发展需要重新构建家庭发展能力。

为了更好地比较与评价失地农户失地前后的家庭发展能力，我于2020年暑假期间对"城中村"——D村、"城乡接合部村"——F村和以土地流转为特征，发展集体经济的"纯农村村庄"——E村三种城镇化路径下的568户农户失地前后的家庭发展能力进行了专项问卷调查，并利用模糊综合评价法测算了这些农户失地前后的家庭发展能力数值。研究发现"城中村"——D村的农户家庭发展能力在失地之后略微增加，其中显著增加的是"保障能力"。主要是因为D村靠近城区，村民已经适应了城镇化的生活方式，因此土地征收对于他们而言利大于弊，巨额补偿款的发放短期内增加了他们的经济收入和资本积累，进而支持家庭更全面深入的市民化。长远来看，这种村子只要有产业的支撑和集体经济的巩固，农户家庭发展能力就会持续增加。"城乡接合部"的F村的农户家庭发展能力在失地之后显著降低，其中降幅最大的是"劳作能力"与"经济能力"。主要是因为F村的土地全部征收之后，村集体缺乏发展用地，缺乏产业基础和产业配套，除了一次性补偿给农户的"征地补偿"，难以为农户提供持续的公共服务和福利保障，并且因为村民的职业素养较差，一时也不能在城里找到好的工作，家庭经济难以为继。另外，一次性大额征地补偿费的发放，让很多村民的生活方式产生了巨大改变，好逸恶劳，不愿再从事辛苦的工作，农户缺乏长久的生活支撑保障，难以形成失地之后的家庭可持续发展能力。发展集体经济的"纯农村村庄"——E村的农户家庭发展能力在失地之后显著提高，其中显著提高的有"保障能力"和"经济能力"。这是因为E村是集体经济发展型村庄，集体的土地补偿款并没有一次性全部支付给农民，而是将其中的60%用于发展集体经济，土地也没有全部征用而是预留了20%的安置用地用来建设集体产业园大力发展集体经济。产业的发展带来了人口的集聚，租房、零售、餐饮等业务为农户带来了多元收入，农户可持续收入不断增加，农户家庭发展能力得到大幅提升。由此来看无论是"城中村""城乡接合部村"还是"纯农村村庄"的城镇化都需要产业支撑。产业的发展不仅可以为农户提供就业机会，增加家庭收入，还可以增强地区活力，增加政府税收和为当地提供更多的公共服务。

流动之殇

如今老黄牛无事可干，要不要继续养着，刘大爷表示很纠结

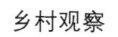

2020 年 7 月 1 日，坐标鲁中地区 WL 镇 D 村

D 村位于 T 城区，是"城中村"的代表，是在城市空间的不断扩张，城市吸纳农村自发城市化的过程中形成的。因城市的更新与社会管理需要进行"旧村改造"，村集体土地被一次性征收，政府为村集体预留了 20% 的安置用地。村民居住在当地政府统一安置的还建房小区——MH 社区，社区中的青年劳动力都在城里务工，一部分老年人在村里开办的物业、园林等公司上班，大部分老年人赋闲在家。土地补偿金一次性发放给村民，村民有自持的住宅，大部分村民有商铺。医保由村集体购买，养老保障由村民和村集体共同负担。2020 年 7 月 1 日，我到 D 村调研，在王阿姨家居住三天。王阿姨有两个女儿，大女儿是一所知名大学的博士，毕业后留校任教，二女儿因为从小残疾，没有上学，嫁给当地邻村的一个农民，因经常住院治疗，家庭条件比较差。以下是我和王阿姨的部分对话摘编。

我：阿姨，你觉得现在住楼房好啊还是以前住平房好啊？

王阿姨：各有各的好处吧。住楼房以后生活条件明显地改善了，用水用电，上厕所都方便了，但房子没有电梯，上下楼特别不方便，下楼之后上厕所很麻烦，经常有老人到花园的花丛中方便（拉屎、尿尿）。

我：怎么回事？

王阿姨：因为村里现在住的都是老年人，没有年轻人。年轻人基本都在城里买了商品房了嘛，所以村里的安置房住的基本上就都是我这种老年人，我们这些老家伙平时没事，就喜欢楼下广场聚起来唠嗑，特别是夏天傍晚，大家都到楼下广场凉快，有的唱歌，有的拉琴，我这样的就是凑热闹。

我：这不挺好嘛，随地大小便怎么回事？

王阿姨：随地大小便是因为房子没有电梯，老人上下楼不方便，社区中没有公共厕所，老人们急了以后来不及跑回家嘛，这个确实是很尴尬，家里来个客人，楼下聊聊的时候更不得劲，哎，这点真是不好。

我：村里现在的居住的村民大约有多少呢？

王阿姨：这个啊，等天黑以后我带着你在社区里转一圈你就知道了嘛，亮着灯的就是有人住，没亮灯的就是没人住。我觉得亮灯的不足1/3吧，稀稀拉拉的，就这也很多是外地人租房子的。

我：村里有商铺，商铺经营是村民自己啊还是租给外地人？

王阿姨：商铺要看位置，正儿八经经营的商铺就村最西头那一条街嘛，那条街上的房子都是一楼商铺二楼以上是住房，有个人经营的也有出租出去的，你像我这个房子，也是一楼，但位置不行，也做不了商铺嘛，就自己住嘛。

我：您觉得现在生活是不是比以前没有统一安置时好了呢？

王阿姨：现在一点耕地也没有了，不用种地了，村里给统一交养老保险，每个月也有450元的补贴，总的来说是比以前更好了。特别是年轻人，以前都在城里打工，但买房还是困难的嘛，征地补偿款拿到以后，他们在城里买房就容易了嘛。

2020年7月5日，坐标鲁中地区WL镇F村

F村是典型的"城乡接合部村落"，是城郊失地村的典型代表。因城市拓展需要，该村集体土地被一次性征收，没有预留安置土地。村民居住在当地政府建设的还建社区内，该社区集中安置了十几个自然村的村民，分东区、南区、西区三个社区单元。土地补偿金一次性

发放给了村民，村民失地后，村子里的大部分青壮年选择进城务工，也有一部分中老年人在物业和园林公司上班，大部分老年人赋闲在家，高龄老年人的养老情况堪忧。社区配备了中小学，村里的留守儿童在社区学校上学，用村民的话来形容目前村里的家庭结构基本上就是两种："老人、孩子与狗"和"老人与狗"。2020年7月5日，我离开D村到F村调研，每天都在社区南头的湖边和村里的留守老人聊天，以下摘几段我与他们的对话内容。

我：大爷你们天天在这儿乘凉吗？

老人A：你是哪里来的？是上级派来微服私访，了解情况的啊？还是来干啥的？

我：哈哈，我可不是什么上级派来的，我是一个乡村研究人员，我喜欢乡村的生活，过来体验咱们的神仙生活的。

老人B：我们过的是神仙生活啊？我们这些老家伙要钱没钱，要用没用，天天混吃等死啊，哈哈……你要是上级派来了解情况的，我们会真实地反映的，绝对不会撒谎的，我们不欺骗上级组织。

我：哈哈……大爷您是党员吧？

老人C：他什么党员啊。你看湖边这一大片绿化带了吧，我们以前就住在这儿，这里是我们的老村。后来建设区我们老村就变成了现在的绿化带，我们就都搬到FH社区去了。住上楼了，好像比以前好了，但是家里那些老家具，哎，都烧的烧，卖的卖，卖是论斤卖啊姑娘，一毛钱一斤不值钱，你不卖就只能烧，总不能把这些破家具搬到楼上去吧，孩子不愿意啊。

我：呀，真是可惜，应该集中收起来放到乡村博物馆里去。咱们现在一点耕地也没有了吧？

老人A：那可不，一点也没有了啊。都占了。真是可惜，好多地都种上树和草了，看着是好看，但是土地不应该种粮食啊，哎。

我：除了绿化占地，咱们其他地呢？

老人C：都盖上房子了啊，你没四处转转啊，好几个楼盘。那边还有一个厂子，游乐园。

我：咱们村里的人，现在都干啥呢？我看村里没怎么有年轻人了。

老人A：年轻人大多都进城找工作了，剩下的就天天胡吃海喝，打麻将。

我：打麻将？

老人B：恩。没事就打牌，能赚点就赚点。

我：这个也能赔吧，不只是赚钱啊，大爷。

老人A、B、C：那当然，肯定有输有赢。主要是手里有几个钱，胀包。你说一辈子哪见过那么多钱，一下给那么多钱（征地补偿款），不得好好享受享受啊。

我：呛。现在村里打工的人比以前多了还是少了？

老人B：以前没钱，能在城里干个啥就干个啥，特别是妇女们，干保姆、服务员都愿意干，现在就不愿意去干了。像我这种50多岁的老头子，进城找工作人家也都不用，只能去干个小工（不需技术含量的建筑工人），一天挣个百把块。现在就不愿意去了，手里有点钱了谁还愿意吃那苦。

老人A：话是这么说，现在什么东西都得买，每天吃馒头吃菜都得花钱，我看一个个就是不觉事（没打算，心中无数的意思）啊，不能挣钱，钱花完了咋弄。要是生个病，哎哟，不敢想。

老人C：对，以前吃粮吃面吃菜都是自己种，手里有粮心中不慌啊。现在没有地了，吃喝都得花钱啊。姑娘，你能不能给我们反映一下，让我们在楼下种点菜啊，现在社区统一管理，楼下都种了冬青，一点菜也不让种，我去年种了一棵香椿树还给我刨了。

我：那孩子们上学呢？爷爷奶奶带孩子？

老人B：家里老人健康，没有带去城里上学的都是老人带着，在家上学，新盖的学校，老师也挺好。当然比不了城里的学校，有钱的，全家定居城里的孩子也就都在城里上学了，社区学校里孩子并不多。现在村里住的家庭就是老人、孩子和狗，要么就是老人和狗。

我：家家户户养狗？

老人A：家家户户养狗，以前住平房大家都养狗，看家。现在住楼房狗也跟着上楼了，以前狗住在狗窝子里，现在就住在阳台上。

具体来看这些有农民无土地的"村改居"社区（无农村落）里的失地农民，文化素质偏低，缺乏良好的职业保障，工作不稳定且存在高风险，加上他们难以参与城市的社会保障，很难获取与市民相同的优势资源。同时，"村改居"社区打破了传统乡村空间结构形成的社会关系和生活方式，失地农民的日常休闲活动和社交频繁程度明显下降，社会关系和生活方式的纽带被进一步淡化。中国推进新型城镇化，应积极探索推进无农村落中失地农民市民化的路径，一方面加强对失地农民的教育培训，转变失地农民的思想观念；另一方面完善失地农民的再就业保障机制和社会保障机制，要构建良好的失地农民市民化的社会环境。

流动之殇

休闲时光

消夏

乡村的变迁

中国四十多年的改革开放取得了令人骄傲的成绩，从城市到乡村，都发生了巨大的变化，中国的乡村已然不是费孝通先生书中所写的那个乡土中国了，我们在经济上发生了翻天覆地的变化，同时在思想上、文化上以及人情世故上也不可避免地产生了巨大的变迁。

深圳打工的王师傅说："每天都想家，只是心目中的家已经很难找到了，有些地方再也回不去再也找不到了"。一个出生在农村，工作在城市的"80后"北漂农民工在博客中写道：

> 小时候农村的日子过得充实，日出而作，日落而息，生活中充满了青草味，身上衣服上也经常到处是泥土。家里兄弟姐妹多的都分工合作，你拾柴我生火，妈妈煮饭，爸爸出田，日子紧巴，却也过得飞快。从开始记事起我们就要在大人的教导和督促下帮助大人干农活。三四岁起，大人出田自己要学会喂鸡喂鸭，生火烧水。五六岁时，除了要喂鸡喂鸭，还要喂猪，还要出田帮忙放种子，放苗，放有机肥，同时还要学会插秧，割稻谷，晚上

跟着大人去给田地里放水，也就慢慢学会了更多的农活，干更多的家务。经历改革开放经济发展的浪潮后，农村也慢慢地好起来，生活慢慢宽裕了，而农村里留下来就只是老人和小孩了，村里青壮年都已经在城市里打拼，小时候在村里放牛的娃也挤进城市去开拓属于自己的天地。乡间的道路不再是泥泞的小路，水泥早已压在了它的上面，下乡的小汽车在水泥路上奔啸而过，带来的是在城里拼搏的人，带出去的是村里少量的农产品。岁月冲淡了农村里的青草味，冲干净了身上衣服上的泥巴，瓦房也变成了小平楼，路上晃荡也只剩下了大黄和小黑，村里唯一少了就是以前大群大群忙农活的人。农村不再是以前的农村，变得美丽，变得整洁，社会发展，带来了更加美丽的乡村，却回不到我们小时候的农村。

城市化是人类经济社会发展的基本趋势。改革开放与城镇化的推进进程中，大量农村人口离开农村，进入城市，进而实现市民化的角色转型。在这个过程中我们有非常多美丽的村庄已经消失了，还有更多的村庄正在消失中，家乡的山水变了，家乡的田园变了，家乡的风景变了，家乡的生存方式变了，家乡的邻居变了，家乡的交际变了，家乡的礼仪变了，家乡的风俗变了，家乡的信仰变了，家乡的节日氛围变了，家乡人的追求变了，家乡的文化变了，离乡人的情感变了，从前那些实实在在的关于故乡的感受，现在越来越变成一种无处寄托也无处倾诉的情绪。

2018 年 7 月 25 日，坐标鲁西北地区 Q 镇 JZ 小学

今天在 JZ 小学和老师们讨论改革开放以后乡村的变迁，以下是老师们的发言内容。

张老师以"消失的'忙客'和'帮工'"和"半土不洋的婚礼与出格的婚闹"为视角阐释了乡村的变迁。

生活节奏变快,农村的风俗也在发生悄然变化。婚丧嫁娶,大操大办的规模和频率明显下降。约20年前,每逢大事,都在家中操办,结婚热闹三天,白事也要三天,十多席客人,自己家场所不够,借用邻居的客厅请客,有专门年轻人端盘子往各家各户的宴席送菜。一家有大事,全村可能都会帮忙,大村可能只帮一家一院的几十户,小村就帮全村。每家出一个人来"忙客",就是为客人服务,分工明确,有炒菜的,有洗菜的,有干杂活的,有负责烫酒的,有负责端盘子的,当然还有很多人就是玩,没什么具体事,维护个场面,帮个人场,人越多,主家越开心,有面子。"忙客"的自然要在主家吃饭,还喝酒,吸烟,吃粮,吃瓜子,有的村子"忙客"的吃的饭比亲戚吃的都好。这么一算,其实在家招待客人,成本非常高。现在村里的大事可能一天就结束,基本上在饭店请客,不像以前在家中。出去打工的青壮年太多,请假回来帮忙不现实,但会在随人情上体现远近,关系近的,随人情的数额就会增加。"帮工"主要是以前农村互助形式,谁家盖屋垒墙,大多数村民都会自发前来帮忙,主家只负责管午饭和晚饭,不用给工钱,到别人家有事时,自己会主动"还"回去。随着村民外出务工和在附近工厂上班的增加,村民家里盖屋垒墙,再也凑不齐一套帮工"建筑队"了,只能靠外包。"忙客"和"帮工"消失,一方面因为生活的快节奏,经济收入多样化,打破了原来村民抱团取暖的模式,村民之间互相的依赖性也变淡了,互相走动串门的也少了,过年时,聚在一起喝酒的也少了,另一方面说明村民对建筑工程要求更专业了,靠帮工干的活，质量确实不行，都是来帮忙的，就是干得不好，也不好意思指出，只能忍着。

  乡村第二个变化就是结婚风俗是半土不洋，中西合璧。结一次，举办两次婚礼。结婚当天，新娘的打扮，上午还是复古版，下午改变成一身婚纱。结婚仪式更是不伦不类，先是按老风俗在老家简单举行仪式，叫上拜，类似于拜天地，给长辈行见面礼，有人主持着，逐一给长辈磕头，当然，一般新郎是真磕，但新娘不磕，但长辈还是要给新娘发红包。有主持人会适当主持，讲些体面话或搞笑的话。此时村里的乡亲基本上会来围观新娘，往往是全村的头号新闻，谁家新媳妇如何，成为一段时间的谈资。而中午，真正隆重的婚礼将在酒店还会举行一次西式的，这时，香槟、婚纱、钻戒、新郎跪地求婚等镜头会上演，还有主持人安排的仪式类似于教堂上婚礼，还有主婚人、证婚人的发言。新郎新娘结婚这一天的礼仪既要经受时间上的穿越，又要经历空间的迁移。此时在场的基本上拿了人情来座席的亲朋好友。这种变化与现在经济发展有关系，农村大多数年轻人，在老家有平房，在县城或乡镇上还有楼房，老人在老家，自然想按老家的传统风俗搞婚礼，但年轻人见过许多新式婚礼，再加上同学、朋友、同事也互相交流，新的婚礼也加入进来，这才成了一个怪现象。结一次婚，举办两次婚礼，一次中式的，一次西式的。这就好像当年兴剪辫子时，有人把辫子盘起来，戴个帽子，表面像剪了辫子的新人，实际上又留了一手，防止旧势力复辟，新辫子可一下长不起来。现在的婚闹也是过于出格，原先的结婚闹洞房，往往年轻人凑到一起，要新娘新郎一起"合作"表演各种"节目"，带有一定调节气氛的作用，因为那时，农村新婚夫妇往往还没有真正有过亲热行为，连拉手、拥抱也没有过，如果哪家结婚没有人来闹，新郎的家长还不高兴，主动请年轻人去闹闹，那时的闹洞房基本上没出过什么负面事件。现在的闹婚，则是明显的恶作剧，有的把新郎捆在树上，强给新郎脱了衣服，用鸡蛋等物向新郎身上扔，还有的把新郎往水里扔，甚至出现过新郎被淹死的恶性事件。新郎结次婚，要忍受各种"折磨"。还有的地方兴闹伴娘，有的个别人打着闹的名义，行违法犯罪之事，害得普通女孩都不敢给别人当伴娘，只好找小姐当伴娘。

李老师以"合村并居，上楼农民有人欢喜有人忧"为题，阐释了他眼里乡村的变迁。

楼上楼下，电灯电话，是一代人对美好生活的向往。如今的农村，村民住楼房，还真算不上奇事了。大体上有三类情况：一是合村并居、土地流转、工程项目占地等原因，全村由平房整体搬进楼房，原来的村彻底消失，修成路、建企业；二是自己买商品房；三是年轻人把自己父母从农村老家接到了楼房。农村的人才不断向城镇走，同时村民以农民工的身份在城镇开辟了各种赚钱的岗位，以前在外打工的农民工把一年来赚的钱带回老家，基本上消费在老家，但现在不同了，许多人把赚的钱投在了城镇，其中买楼房是其中一大部分。

对住楼房，不同年龄段的人认识完全不同。比较年轻的人，1970年以后出生的人，基本上希望自己的村也能合村并居，搬进楼房，因为他们对楼房有刚需，自己的孩子结婚需要新楼房做婚房。他们希望一下买两套，因为合村并居，楼房是用自己的平房换的，两套也花不了太多的钱。自己住一套，给孩子一套。村民有这么一个观点，两辈人尽量别住在一起，因为两代人的生活方式不同，很别扭，距离产生美，兄弟们买楼房时，也别挨得太近，不在一幢楼最好。

　　年轻人有劳动能力，能有稳定的经济收入，他们住楼时，整体情况是好于住平房，一是环境卫生，解决了以往平房土多、不好打扫的问题。二是楼房小区一般离学校较近，送孩子上学非常方便。当然学校招生是划片招生，会把附近小区的学生划过来。周边有各种超市、政府办公场所，办事、购物都方便。三是楼房的水电暖气网等基础设施配套齐全，满足了各种需求。再有就是住楼，有一种优越感，感到很体面。

　　年轻人喜欢住楼，是因为便捷舒适，老年人则正好相反，有些老年人非常不想住楼，一提起住楼，他就会给你算账。水费多少钱，电费多少钱，暖气费比买煤贵多少，还不能做饭，还有物业费，这是白扔的，自己家里的生产工具没处放，电动车没处放。还有个别老年人在楼房里小便，不舍得用马桶，解决在小桶里，再提出去倒了，就为省下水费。老年人住楼房，还有一个特点，喜欢到处找空地，一旦找到就开辟成菜地，能省点菜钱就省点。50多岁，在农村不算老，他们还能像年轻人一样干活赚钱，60多岁也不算老，除非身体不好，大多数人还能干活，打零工，当环卫工，到劳务市场，到单位或企业当保安。真正困难的是70岁以上的人，他们基本上没有打工的能力，就是有，用人单位也不敢用了，他们经济收入十分拮据，好在可能有一定的积蓄，同时养成了难以想象的勤俭习惯，就算没有土地，他们想方设法自己种菜，到了秋收、麦收时，会出去捡粮食，偶尔也有偷的，过了农历十月初一，就出去栾桃子（捡别人不要的，没来得及收的棉桃），住楼后，这些习惯都带到了新家。如不舍得用耗电大的电器，在楼下开辟菜园，提着小便桶四处乱倒，拾柴火用柴火烧水，不交取暖费，公开蹭邻居家的暖，到菜市场拾菜叶，到垃圾箱拾废品卖。因此，他们大多数不喜欢住楼，或者说住不起。

老年人不喜欢住楼，还有一个原因就是上下楼，太不方便。以往串个门，容易，现在就不容易了。还有，有红白大事时，住楼的不方便就更明显了，当然住了楼，就逼着把以前大操大办的风气给改了。特别是白事，搭灵棚、雇吹鼓手、哭丧、停丧三天、往门上贴白纸等习俗慢慢就消失了。

乡村振兴研究中心的调研员 XH 同学以"LL 村乡村文化的变迁"为例，和大家交流了他暑假调研成果。

党的十九大以来，中国特色社会主义进入新时代。随着"五位一体"总体布局的提出与确立，文化建设的受关注程度日益增加。当前经济处于转型升级时期，高质量经济发展的同时必然要求社会文化的正向进步。正值中国全面建成小康社会的决胜阶段，占中国绝大多数国土的农村地区的经济得到了迅速发展，与此同时，农村经济的文化建设状况也有了明显变化。此次调研使我了解到广大农村地区在新时代文化政策的指引下，随着乡村经济开发程度的提升进而带来传统文化逐渐向优秀现代文化的变迁。

LL 村为山东省菏泽市巨野县营里镇的一个小乡村，该村土地资源丰富，人口众多，人均耕地较多，主要依靠以农作物种植为生，其中以大蒜、棉花、大豆、玉米等经济作物为主。虽然当前村庄发展的是传统旱作农业，但当前农业机械化程度比较高，由先进机械代替人工种植农作物的现象可以到处看见。此外在种植业占较大比例的同时，当地村民积极探索新兴产业，大棚蔬菜瓜果、农村电商店铺等行业已初具规模。所以LL村的经济状况在近几年有了明显改善,让人欣喜的是经济发展的背后也依靠着优秀文化的拉动。

一是层次分明,治理有效,文化保障机制不断完善。当前村庄领导小组分工明确,统筹协调推进村庄各项工作,村委班子共同进行文化建设专题学习,不断加深新农村文化建设发展内涵。此外村庄文化建设工作受到广泛关注,留出专门文化建设经费以供发展村庄文化。村庄宣传文化中心、村活动文化室等文化中心相继成立。此外,乡镇统一制定活动发展规划和规章制度,扶持村庄文化成长壮大。所以说村庄文化保障机制不断完善。

二是融入创新机制,建成全覆盖村庄文化宣传网络。LL村在经济发展的同时更是注重文化的同步发展,不但根据当前中央政策制定简明扼要且寓意深远的广告标语,更是在全村张贴个性化定制文化标语。在前几年,当地的文化宣传少而又少,并且当时墙上的标语更是混乱不堪。现在的村庄一进村便让人耳目一新,硕大的宣传标语和文化现象给村庄添上了一种厚重的文化氛围。

三是兴建文化基础设施,发展文化教育,人民基本文化权益得到保障。农村文化基础设施是发展新农村文化的物质载体,村庄积极建设娱乐和健身锻炼基础设施,兴建老年人活动中心,全力提供娱乐锻炼活动所需器械。此外,当地村庄有着合规的幼儿园和小学,使孩子能够得到基本文化教育。在调研过程中与村支书沟通中了解到村庄正在大力争取发展职业学校,以此逐渐满足人民基本文化需要。再者村庄修造了娱乐广场,每到晚上广场便灯火通明、欢声笑语,村民们在这里聊天、扭秧歌、跳广场舞,偶尔村里还会安排电影在这里播放,所以这里便成为村民们享受文化权益的中心。

LL村按照产业兴旺、生态宜居、乡风文明、治理有效、生活富裕的发展总要求，在依托经济发展的平台上有效实现了文化的积极变迁，用文化建设形成了文明的乡村风气。在乡村经济快速发展的背景下，LL村能够坚持初心，在经济发展的同时不忘实现文化的有效变迁。我相信，在中国共产党的领导下和国家有关乡村振兴的政策方针指引下，LL村的发展会越来越好。

张老师从乡村教师的类型、教育的换挡升级、从包分配到换挡升级、设岗与职称改革、留守儿童、单亲家庭等多个方面阐释了乡村教育的变迁过程。

乡村教师的四种类型

　　乡村教师一般由四部分组成，一是正式科班出身的教师，二是民办教师，三是接班教师，四是代课教师。这其中水平最高的是科班出身的教师，他们有能力，也自律。民办教师实力也可以，基本上能自我管理。

　　民师转正的老师，即将退出历史舞台。说起民办教师，是一个很有故事的群体，1985年之前成为在编在册的民办教师，全部转正，只是不同地区，转正先后不同。他们的工龄在35年以上。他们的学历是初中或高中。一开始参加民师，他们并不知道将来会转正，当时他们是农业户口，20世纪70年代之前当上民办教师的，当时按一个整劳动力记工分，另外还发工资。他们的待遇相当不错。改革开放后，自己家里有责任田，整体的收入比普通纯靠种地的农民要高一些，直到1990年后，农民打工、经商的越来越多，而民办教师的工资收入依然非常低，他们的生活显得很拮据。正因为整体收入明显低于普通农民，使一部分人放弃了民师身份，干起其他营生，有的开车，有的经商，有的民办教师分析，辞职的往往是比较优秀的、有能力、有野心的人，老实本分的反而坚持下来，最终辞职的老了，没有固定收入，而坚持下来转正后，每月能领非常可观的退休金，那些原来有能力辞职的悔青了肠子。这算是愚公移山的现代版，愚公不愚，智叟不智。民办老师是唯一一批长时间既有农民身份又有教师身份的群体，他们既要种地，又要教书，20世纪70—90年代专门为了这部分庞大的群体，设置了麦假、秋假。麦假有两周时间，秋假有三周时间。直到1998年才取消了这两个假期。

乡村教师中身份最特殊的一个群体就是接班的，最不让人放心的也是这些接班的。有极个别的接班教师，在偏远小学校里任教，经常喝酒，办公时间睡觉。知识面更少得可怜，一次教师业务考试，百分制的试卷，一位接班教师只考了3分。1980年前，有一批接班人进入教师队伍，这些人整体教学能力比民办教师低，但收入比民师高2—3倍。按当时的政策，有正式编制的公办教师，允许有一个子女接班，那时，一个人有三四个孩子很正常，接班的标准非常低，只要是个人就能接班。这样的政策福利催生一批奇葩现象，老教师为了家族整体利益，权衡自己子女的整体实力，往往会把这个最大福利送给子女中最弱的一个。因为他怕能力弱的孩子，离开这个福利，没法生存，甚至连个媳妇也找不上。

代课教师一般比较年轻，要是论业务能力，比民办教师要略微高一点，但是，他们自己知道自己是不可能转正的，1999年，有一批1985年以后到学校代课的老师被辞退，以后学校里再也没有成批量、稳定性强的代课老师群体了，以后的代课老师，只是把代课当成学习教学方法、迎考备考的锻炼机会，他们一边工作,一边准备考试,他们的稳定性很差,随时有可能离开学校找其他工作。对学校也基本没有归属感和认同感。

教育的换档升级

随着95双基验收后,农村教育实现了一次真正的变革和升级,整合资源,一个管区一个完全小学,一两个老师带着几十个学生的村办小学或教学点基本退出历史舞台,学校有规范的管理模式。真正有能力开全课程、开足课时。之前在村级小学,还有复式教学,就是一个教室里有多个年级,音乐、体育、美术等科目基本不上,只上考试科目。那时实行村聘任,一个村干部能聘任本村的民办教师和公办教师,口碑不好、教学质量不好、不善于外交的教师有可能落聘,只能到其他学校做杂工之类。

由包分配到惨烈竞争

1998年,是一个分界线,是教师分配的最后一年。师范专业的大中专生在此之前,可以直接包分配,此后,要成为一名有编制的教师,就要考试。出现过数百人竞争一个教师编制的残酷场面。最后包分配的教师面临承上启不了下的尴尬局面。这批教师长达二十多年被视为"年轻教师",因为比他们年轻的太少了。教师断档严重,老龄化严重,平均年龄近五十岁。

设岗与职称改革

设岗与职称,注定一部分老师到退休也晋升不到中级。随着教师工资的不断增长,地方财政不断吃紧,一种限制性的规定随之而来。那就是教师职称设岗,以前教师职称基本上自然晋升,2007年,开始设岗,规定了一个县区各项岗位的名额,出现了一个多年来只有很少人有机会晋升职称的现象。网上呼吁改革职称的声音不绝于耳。但很少人能提出更合理、更积极的建议。

素质教育与应试教育

教学资源设备利用率低，课程开全处于一个概念阶段，从课程表看是开全了课程，但从实际授课来看，随意性占课现象严重，考试科目占用非考试科目的现象是个潜规则。评价体系缺失或制度无法实施。考评制度无法保护这些弱势学科，因为制定制度的人也认为这些学科没有用。实际上乡村教育一直就是应试教育，素质教育的推行任重道远。

人口高峰与低谷对乡村教育影响极大

20世纪80年代初出生的人口还是非常集中的，计划生育刚执行，还不是太严，一家两个孩子，也有个别三个，特点是非常集中。随着计划生育越来越严，1985年以后出生人口就逐渐减少，并且两个孩子拉开了年龄差，再以后，第一胎是男孩，只能生一个，第一胎是女孩，可以生二胎。并且两个孩子的年龄要拉开到7岁。1994年人口出生出现一个低谷。随着这低谷，对教育的影响就是2006年前后，初中学生越来越少，教师大量超编，而小学因为退休的多，而没有进新教师，出现教师不够用的局面，因此各地都有初中教师转到小学的大潮。客观上就催生教师考核体系的出台。以往考核往往流于形式，有人员变动，必须有一个能服众的考核体系。考核不可能只针对初中，小学也考核。因为这个人口低谷是明显能预见的，因此考核也提前进行了几年，那几年，每学年，都有考核后几名的教师要换个工作环境，并有扣工资的现象。

这个阶段的教师是最难受的，但也是最出成绩，工作效率最高的，再以后，中学教师分流任务完成后，这种严格的考核逐渐放松，到现在又变成了近乎形式的程度，只有在评优树先时还发挥作用，但一部分无追求的教师，对评优不感兴趣，因此出现了一个怪现象，老教师不好管理，小病大养，出工不出力，严重倦怠。

留守儿童现象

爷爷、奶奶、姥姥、姥爷带大的孩子，有以下特点：一是自律和自理能力弱，隔辈亲，导致不舍得批评，只会惯着宠着，也怕批评孩子，孩子的父母知道有意见。二是整体落后。学校需要家长监督检查作业，祖辈的人因年龄大，辅导不了，需要家长利用网络辅导学生，也完成不了，仅仅能起到接送、解决孩子吃饭穿衣等基本问题。三是心理自卑。长时间不与父母相处，缺失基本的安全感和温暖，在学校常表现为不合群、自卑等。

单亲家庭现象

农村单亲家庭整体上比城市少，但对孩子的影响却非常大。由于农村整体经济状况更弱，单亲家庭往往是贫困群体，再组建家庭难度更大，对孩子的伤害也更严重。

过去的乡村，道路狭窄又稀少，一条路几乎只能通过行人与自行车，晚上行路更要小心，黑漆漆的夜里，一不小心，便会掉进泥沟。如今的乡村路不再是那条路，车也不再是那些车，人力车、拖拉机的身影已很少见，汽车或电动车成了人们出行必备的交通工具。

改革开放前夕，老百姓家里的餐桌上依然是野菜饭团，百姓多数居住在夏漏雨、冬透风、低矮潮湿的茅草房中。今天，各种美味佳肴早已成了乡村生活的家常饭菜，互联网与电子商务的迅速崛起，更让乡村百姓能够吃到任何想要的美食。乡村百姓也有了越来越好的居住体验，更加节能、环保、抗震且建造速度快的装配式建筑凭借其诸多优势，出现在越来越多的乡村地区。

七十年间，中国已发生惊世之变。在新中国成立后的农村改革实践中，中国农业生产、农民生活、农村面貌和乡村文化发生了巨大变化。

乡村观察

凡是过往，皆为序章。未来，期待更美好的中国乡村。

老村旧宅

流动之殇

院落

搬进楼房

乡村振兴

Village Observation

乡村独特的功能

受城市偏向政策等因素的影响，快速城镇化和人口大规模乡城迁移之后，城乡分割、城乡发展严重失衡，乡村发展困境日益显现。结合国情看，中国社会主要矛盾中最大的不平衡是城乡发展的不平衡，最大的不充分是乡村发展的不充分。实现中华民族伟大复兴的中国梦，绝不允许出现一边是繁荣的城市、一边是萧条的乡村的两极分化景象。党的十九大报告提出实施乡村振兴战略，以缓解当前中国发展中城乡不平衡的问题，明确指出要坚持农业农村优先发展，按照产业兴旺、生态宜居、乡风文明、治理有效、生活富裕的总要求，建立健全城乡融合发展体制机制和政策体系，加快推进农业农村现代化。党的二十大报告坚持以高质量发展为主题，"全面推进乡村振兴……加快建设农业强国、扎实推动乡村产业、人才、文化、生态、组织振兴"[1]。

在讲如何振兴乡村之前，我们有必要先来探讨一下乡村的功能。

---

[1] 习近平：《高举中国特色社会主义伟大旗帜　为全面建设社会主义现代化国家而团结奋斗——在中国共产党第二十次全国代表大会上的报告》，人民出版社2022年版，第30、31页。

乡村观察

对于一个国家的发展来说既不能缺少城市又不能缺少乡村，因为乡村和城市两者有不同的功能，双方的功能不可互为取代。也就是说乡村之所以是乡村而不是城市，城市之所以是城市而不是乡村，是因为两者之间有着互为区别且不可取代的独特功能，而这种不同的功能对于一个国家的发展来说又都是必不可少的。2020 年 12 月 30 日，陈锡文先生在北京大学 2020 年乡村振兴论坛上总结了城市与乡村的不同功能。

> 所谓城市一定是人口集聚、资金集聚的地方。城市的功能更多的就是体现在要素的集聚和融合的基础上去推进各种各样的创新。具体来说城市的功能就是在要素集聚的基础上不断地进行融合、创新，推出新的技术、新的产品、新的理念、新的生产方式、新的生活方式，以此来引领一个国家乃至一个地区社会的增长，成为一个地区一个国家的增长极。但乡村的功能有很大的差别。乡村的功能在很大的程度上实际上体现在守护和传承这个国家乃至这个民族生存和发展的根脉，并且在这个基础上不断夯实一个国家一个民族发展的根基。具体来说乡村的功能主要体现在三个方面。一是确保粮食和重要农产品的供给，这是乡村特有的功能，是城市所没有的，当然也是这个国家不能或缺的功能。城市越发展，城市集聚的人口越多，乡村所承担的保障粮食和重要农产品供给的职能就会越来越重要。二是乡村承担着为整个国家，当然也为城市和乡村自己，提供生态屏障和生态产品的功能。这是因为城镇在整个国家的版图上所占的比重相当低。比如说中国，总体来看，中国的城市版图在整个国家的 2%—3%，也就是说中国国土的 97% 以上是乡村。正是从这个角度去讲，保护生态环境、维护生态安全这个重点任务显然不在城市，承担起这个职能的主体是乡村。三是乡村肩负着传承一个国家、一个民

族、一个地域的优秀传统文化的功能。这是因为城市是人口和要素集聚的地方，也是各种文化碰撞和融合的地方。城市的文化是融合的或者说是杂交的，具有多元化、多样化特点。而乡村的文化，更多地体现在这个民族、这个地域的历史的传统，是一种比较纯粹的文化。所有国家、民族的优秀的传统文化能不能够传承下去，很大的责任也在于乡村。要去看一个特定的民族的文化，无论到哪个国家，都必须找到乡村。[①]

理解乡村振兴，除了要认识到乡村振兴必然包含着要加快乡村发展，也要认识到乡村振兴要突出乡村特有功能，发挥乡村的功能可能是乡村振兴最该振兴的地方，也就是振兴乡村应有的功能。

玉米地

[①] 陈锡文先生在北京大学2020年乡村振兴论坛上的发言。

那么如何保障乡村的第一个功能呢？就是要构建粮食高质量发展新格局，从粮食和重要农产品的供给这个角度强调端牢百姓的饭碗，保障国家的粮食安全。

粮食安全是国家安全的重要基石，是形成以国内大循环为主体、国内国际双循环相互促进的新发展格局的前提和基础。习近平总书记高度重视粮食安全问题，对粮食安全主动权、耕地红线、粮食储备调节等重要问题都做过深刻阐释，反复强调要把中国人民的饭碗牢牢端在自己手里。党的十九届五中全会提出要保障国家粮食安全，提高农业质量效益和竞争力，深化农村改革，实现巩固拓展脱贫攻坚成果同乡村振兴有效衔接。2022年中央一号文件对"三农"工作的全面部署中强调粮食安全决不能出问题，明确提出了"'十四五'各省（区、市）要稳定粮食播种面积、提高单产水平，确保粮食产量稳定在1.3万亿斤以上"的具体目标任务。党的二十大报告指出，"全方位夯实粮食安全根基……牢牢守住十八亿亩耕地红线……确保中国人的饭碗牢牢端在自己手中"[1]。

我国的粮食安全，无近忧、有远虑。加快构建粮食高质量发展新格局，建设粮食产业强国，保障国家粮食安全是应对世界百年未有之大变局，端牢中国饭碗的客观需求。从短期看，我国粮食安全无忧。改革开放以来，家庭联产承包责任制极大地释放了农村生产活力，解决了百姓的温饱问题；党的十八大以来，粮食综合生产能力不断提高，2020年我国粮食产量达到13390亿斤，全国粮食产量实现"十七连丰"，连续6年保持在1.3万亿斤以上，为应变局、开新局发挥了"压舱石"作用。但与此同时，我国粮食产需平衡压力巨大，粮食进口量常年维持在高位，粮食生产连年丰收与粮食进口量连年增加现

---

[1] 习近平：《高举中国特色社会主义伟大旗帜　为全面建设社会主义现代化国家而团结奋斗——在中国共产党第二十次全国代表大会上的报告》，人民出版社2022年版，第31页。

象并存，2020年全年进口量创下1.4亿吨巨额纪录。长期来看，受种植资源有限和粮食生产科技能力等因素的制约，我国粮食安全还将受人口持续增长，粮食供需平衡压力逐步增大及外部形势不确定性不稳定性的考验，还存在生产成本高企、粮食产业发展质量不高、粮食流通渠道不畅通、调控机制和粮食法治体系不健全、受气候变化影响等诸多隐患。我国粮食安全基础仍不稳固，粮食安全形势依然严峻。在国际环境日益复杂、不稳定性不确定性明显增加的背景下，加快构建粮食高质量发展新格局，建设粮食产业强国，保障国家粮食安全是应对世界百年未有之大变局，端牢中国饭碗的客观需求。

构建粮食高质量发展新格局，推动粮食产业积极融入以国内大循环为主体、国内国际双循环相互促进的新发展格局中，需要党政同责抓粮食安全，抓好种子和耕地两个要害，落实藏粮于地和藏粮于技两个战略。要立足于顶层设计，从初始生产、中间流通、最终消费等环节，对农地规模、农产效率、收购储备、流通加工、质量安全、制止浪费等方面作出调整，健全粮食安全制度体系，完善政策措施，坚定走好中国特色社会主义的粮食安全之路。

一是坚持以习近平总书记的粮食安全观为指导，落实国家粮食安全战略。习近平总书记指出，"耕地是粮食生产的命根子"[①]"发挥自身优势，抓住粮食这个核心竞争力"[②]。党的十八大以来，以习近平同志为核心的党中央高度重视粮食安全问题，提出"以我为主、立足国内、确保产能、适度进口、科技支撑"的新时期国家粮食安全战略，推动粮食安全理论、制度和实践创新，立足国内基本解决亿万人民的吃饭问题，严守十八亿亩耕地红线，在保证粮食数量的同时，更注重质量安全，不断扩大粮食国际合作，对世界粮食安全做出了积极贡

[①] 《习近平关于"三农"工作论述摘编》，中央文献出版社2019年版，第74页。
[②] 《习近平关于"三农"工作论述摘编》，中央文献出版社2019年版，第101页。

献。在习近平总书记的粮食安全观和国家粮食安全战略引导下，逐步形成长短期兼顾的新机制和新举措，探索粮食安全实践创新，以改革和投入作为驱动力，完善粮食安全保障体制机制，激发粮食种植积极性，走出一条中国特色的粮食安全之路，为国家繁荣昌盛奠定雄厚的物质基础。

二是要守住耕地红线，提高农产效率，确保粮食增产稳产。要采取"长牙齿"的硬措施，严守十八亿亩耕地红线，实行最严格的耕地保护制度。在农村土地制度改革中实行耕地占补平衡政策，严格管控各项建设用地占用优质耕地，优化粮食核心区、主产区、功能区布局，落实目标保护责任制，从而实现优质耕地永久保护，劣质耕地改良再利用，最大限度提升产粮数量和质量，实现藏粮于地；建立现代化农业生产体系，强化农业科技和装备支撑，推动农业供给侧结构性改革，优化农业产品供给结构，改善供给质量，加快高标准农田建设，因地制宜，综合开发，有序推动种子攻坚工程建设，促进种养结合，畅通农业科技推广渠道，加强农技推广人才队伍建设，提高农业科技进步贡献率，实现藏粮于技。

三是要改革完善种粮补贴制度与地方政府的政绩考核制度，调动种粮与抓粮的积极性。加大国家惠农政策的宣传力度，把国家确保粮食安全的决心传达给农民，强化农民土地经营权的权利和义务，提高农民种粮的积极性；不断完善农民种粮的补贴政策，加强农资价格监管，减少农业生产成本，稳定粮食市场价格，建立优粮优价的市场运行机制，提升粮食生产的回报率，提高农民种粮的收入水平，让种粮农民"有账可算、有利可图"，调动农民种粮的积极性；加大农田水利基础设施的投入力度，建立配套齐全的高标准农田，优化品种结构，推动农业转型升级，保障农民种粮的积极性；健全农村土地经营权流转市场，建立农村土地经营权流转服务中心，组建农民专业合作社、家庭农场等农业社会化服务组织，通过农业生产发展基金支持各地发展粮食适度规模经营，提高农业社会化组织种粮的积极性；完善政绩考核体系，健全产粮大县政策支持体系，加快建立利益补偿机制，对完成任务较好、增幅增量较大的省份加大倾斜支持和奖励力度，让地方政府抓粮有动力、有干劲，切实激发起地方政府重农抓粮的积极性。

四是创新完善粮食"产购储加销"体系，提高粮食流通效率，完善现代化仓储设施建设，促进粮食产业的协调发展。创新完善粮食"产购储加销"体系，把农业生产链条延长为生产、收购、储备、加工、销售一体的产业链条，提高粮食供给质量和流通效率。推进粮食收储制度改革，探索优质粮食工程建设，在保证最低收购价政策的基础上，探索优质粮食收购价格政策的弹性和灵活性，建立优粮优价的市场运行机制，引导种粮农民盯着市场种、跟着需求走；拓宽粮食市场化收购渠道，深化粮食产销合作，建立产销合作基地，鼓励产区与销区在订单采购、加工转化、仓储物流等方面签订合作协议，积极引导多元主体和资本进入市场收购；加大粮食加工转化力度，努力拓宽消化渠道，完善竞价销售机制；完善粮食物流通道，加强现代化仓储设施建设，探索建立集仓储、中转、加工、配送、应急于一体的供应链管理合作模式，降低粮食物流成本；全面加强粮食流通监管，加快构建监管长效体制机制；发展"网上粮店"与大宗粮现货交易市场，线上线下相融合的粮食供应体系，发展粮食产业经济，发展专业化产后服务，推进绿色优质粮食产业体系建设。

五是要推进粮食安全保障地方立法，完善粮食安全保障调控机制。完善粮食安全立法，与目前相关法律法规，如《中华人民共和国农业法》《中华人民共和国种子法》等做好衔接，不断完善我国粮食安全法律保障体系，加快实现粮食安全保障治理体系和治理能力现代化；推进粮食安全保障地方立法，以总体国家安全观为导向，从新时代粮食安全战略的要求出发，立足实际，充分考虑粮食安全风险因素，将符合规律和方向的改革成果和经验做法上升为法律规范。完善粮食安全保障调控机制，从产出、产后和进出口环节，建立健全连续性、稳定性政策调控机制，创新粮食生产激励机制，健全粮食主产区利益补偿机制，建立粮食安全预警管控机制，统筹粮食进出口调控制度，实现国内国际有机协调联动。

六是厉行节约、制止浪费，减少粮食损耗。加强宣传引导，增强节约意识，多方联动，构建家庭、学校、单位和社会四位一体宣传教育平台，从细小处、从身边事抓起，营造勤俭节约的社会氛围；加强科技创新，探索将先进技术和大数据应用于节约粮食方面，在粮食收获、储藏、加工和餐饮环节，创新技术和应用程序，推进标准化和制度化管理，最大限度减少物理性损耗；建立健全节约用餐机制，从制度上形成约束，深入推进"光盘行动"，有效遏制"舌尖上的浪费"，推行科学文明的餐饮消费模式。多管齐下，全方位切入，循序渐进减少粮食损耗，使节约粮食成为人们的自觉行动，让厉行节约、制止浪费在全社会蔚然成风。

仓廪实，天下安。在新冠疫情全球大流行，国内改革发展稳定任务艰巨，国际环境日益复杂的背景下，把握扩大内需这个战略基本点，构建以国内大循环为主体、国内国际双循环相互促进的粮食高质量发展新格局，以国内稳产保供的确定性来应对外部环境的不确定性，是我们国家牢牢把握粮食安全主动权，依靠自身力量端牢百姓饭碗，主动应对国内外各种风险挑战，持续推动经济健康高质量发展，实现社会大局稳定的基础，是实施"十四五"规划、开启全面建设社会主义现代化国家新征程，实现第二个百年奋斗目标的有力支撑。

乡村振兴

鸭群

接下来再来讨论如何保障乡村生态屏障、提供生态产品的功能。乡村生态环境包括资源环境、生产环境和生活环境，三者相互作用、相互影响，资源是生产和生活的基础，生产和生活行为影响自然环境。[①] 改革开放后，中国的工业化与城市化快速发展，中国乡村发展也步入转型升级的新阶段。乡村的农业生产方式、产业结构和就业结构都发生了巨大变化，社会经济被重新塑造，乡村地区的生产和生活空间格局发生了明显的重构。乡村土地利用剧烈变化，农业生产要素高速非农化、农村社会主体过快老弱化、村庄建设用地日益空废化、农村水土环境严重污损化，乡村生态环境质量日趋恶化。化肥农药过量施用、土壤污染与土地退化，导致土地污损化，大量农地绝产减收，乡镇企业与乡村畜禽养殖业的污染处理不当、生活污水的大量排放和生活垃圾的随意丢弃，导致水体污染化和空气污浊化，居民身体健康受到严重损害。中国的耕地出现南方土壤酸化，北方土壤盐碱化，东北黑土地退化现象，乡村生态环境压力逐年增大，生态环境质量总体呈现恶化趋势。空心村、土地撂荒、生态环境污染等问题严重。习近平总书记提出"绿水青山就是金山银山"的两山理论以后，确实对于全民提高环境保护、维护生态的意识起到了决定性的作用。但是问题还很突出，想要恢复长期以来对资源环境造成的严重破坏并不是一朝一夕的事情。

可见，尽管农村人口密度相对小，环境容量相对大，但农业面源污染所产生的影响是多方面、深层次的。随着城镇化的快速发展，加强乡村生态环境保护，加强乡村自然资源的保护和合理利用比以往任何时候都显得迫切。建设生态文明是关系人民福祉，关系民族未来的大计。那么应如何振兴乡村生态呢？

[①] 王永生、刘彦随：《中国乡村生态环境污染现状及重构策略》，《地理科学进展》2018年第5期。

推进乡村生态振兴，必须以习近平生态文明思想为指引，要坚持人与自然和谐共生，树立和践行绿水青山就是金山银山的理念，坚持节约资源和保护环境的基本国策，要像对待生命一样对待生态环境。我们既要绿水青山，也要金山银山。宁要绿水青山，不要金山银山，而且绿水青山就是金山银山。

第一，要加大乡村生态系统保护与修复治理。切实加强农产品产地环境保护，加强污染源头的治理，实施耕地土壤环境质量分类管理，分区域分作物品种建立受污染耕地安全利用试点，推进受污染耕地安全利用；大力推进农业资源养护，加快发展节水农业，统筹推进工程节水、品种节水、农艺节水、管理节水、治污节水，调整优化农作物品种结构，大力发展雨养作物；加强耕地质量保护与提升，加强高标准农田建设，完善轮休耕制度；强化农业生物资源保护，建立重点水域禁捕补偿制度，大力实施增殖放流，完善休渔禁渔制度。推进乡村生态修复治理。实施农业湿地保护和恢复，扩大退耕还林还草规模，加快推进农村"四荒"资源治理，加强矿山地质环境修复和综合治理；将优质耕地划入基本农田实行永久保护，严控建设用地占用优质耕地，严格执行耕地占补平衡政策规定，健全耕地保护与提升机制，推进耕地质量不断提升。

第二，要积极推进农业循环化发展。加快推进农业标准化生产，规范生产经营行为，加快农产品质量认证，培育品牌、名牌，加大品牌整合、市场开拓和诚信体系建设力度，增强市场整体能力，加强农产品包装标识管理，强化产品质量安全追溯；积极推进农业清洁生产，控制城市和工业"三废"污染，加强农业生产投入品管理，推广节肥节水技术，发展禽畜清洁养殖，加强农药化肥氮磷控源治理；推进农副资源综合开发、综合利用，农副资源饲料化、肥料化、基料化、能源化；提高畜禽养殖废弃物资源化利用，严格落实畜禽规模养殖环评制度，完善畜禽养殖污染监管制度，构建种养循环发展机制，落实规模养殖场主体制度；开展种养结合循环农业示范工程建设，标准化饲料基地项目、养殖场"三改两分"项目、屠宰场废弃物循环利用项目、畜禽粪便循环利用项目和农作物秸秆综合利用项目。

第三，要加强农业环境污染的综合整治。开展农用地土壤污染防治，切实加大农用地土壤保护力度，推进农用地土壤安全利用，加大防治投入；开展养殖污染综合治理，推进养殖生产过程清洁化和产业模式生态化，加强畜禽粪便资源化利用，严格畜禽规模养殖环境监管，加强水产养殖污染防治和水生态保护，提高沼气和生物天然气利用效率；开展农业生产化肥减量行动，推进测土配方施肥，转变施肥方式，大力研发新肥料新技术，积极探索有机肥资源利用；开展农业生产农药减量行动，构建病虫检测预警体系，推广高效低毒低残留农药，普及科学用药知识，建设绿色防控示范区，加快绿色防控技术推广应用，培养一批农民技术骨干；推进病虫害专业化统防统治，提升农作物病虫害统防统治的装备、技术与服务水平；开展农业白色污染综合防治，加强现有地膜回收工作与财税支持力度，推广使用生物降解农膜。

第四，加大农村环境污染的综合治理。推进农村"厕所革命"，加强农村厕所规划设计，因地制宜选择改厕模式，健全农村厕所管理机制，加强宣传引导和示范引领的作用；推进农村垃圾综合治理，明确农村垃圾综合治理中的责任权利边界，加大财政保障的力度，建立长效保洁机制，激发村民的主人翁意识，引导村民积极参与垃圾治理；推进农村生活污水治理，统筹整体规划，坚持因地制宜，采用经济适用、简便高效的处理设施，发挥多元筹资、社会参与的导向作用，落实长效管理机制，加强宣传引导，达成社会共识；加强农村生

乡村振兴

活空气污染防治，优化农村能源供给结构，鼓励农村采用清洁能源、可再生能源，大力发展太阳能、浅层地热能、生物能等，大幅提高电能在农村能源消费中的比重，因地制宜开发利用水能和风能，鼓励采用省柴节能炉灶，推广使用高效低污炉灶，推进农村生活节能；加强农村饮用水水源保护，科学选用水源，加强水源保护、饮用水质监测和工程基金的投入力度，强化基层水资源管理能力，积极探索农民参与水源管护的长效机制。

乡村戏台

乡村观察

最后来讨论如何保障乡村传承和弘扬一个国家、一个民族和一个地区所特有的优秀传统文化功能。这个要先来讨论文化的体现。

文化的体现大概可以从三个层面去理解。第一个层面是理念。就是做人的道理，就是作为一个人接人待物处事的准则，这是人们经过长期的生产生活实践概括出来的一种民族的品格。比如说中华民族在农耕文明中形成的勤俭持家、敬老爱幼、邻里和睦等相互之间处理人处理事的一些理论。第二个层面是知识。知识的传承是通过文化这个脉络流传下来。比如说冬至、小寒这些二十四节气，就是我们的老祖宗在长期的生产生活中积累出来、传承下来的东西，到现在大家一听还都是管用的东西。第三个层面是制度。制度有成文的，也有不成文的，还有很多乡规民约。这些制度实际上对我们的生活以及基本的社会交往、经济交往有很多规则性的东西是非常重要的。[①]

文化是一个国家、一个民族的灵魂。文化兴国运兴，文化强民族强，中华民族的伟大复兴要以中华文化发展繁荣为条件。"设神理以景俗，敷文化以柔远"，文化在人的精神思想、社会能力培养方面具有深远影响。改革开放四十多年来，农村经济社会发生巨变，农民生产生活方式明显改善，生活水平大幅提高，但是，与之鲜明对比的是，农村精神文化发展相对滞后，制约了农村的进一步发展。因此，党的十九大明确指出，把乡风文明作为乡村振兴的目标和要求，让文化在促进农村产业兴旺、生态宜居、乡风文明、治理有效、生活富裕等方面发挥重要作用。

---

① 来源于陈锡文先生在北京大学2020年乡村振兴论坛上的发言。

文化是民族的根，也是乡村的魂。在中国传统的乡村社会，文化发挥着非常重要的治理作用，它辐射乡村生活的各个方面。构建具有饱满品位特征和生动气息的新乡土、新农村需要传承和弘扬一个国家、一个民族和一个地区所特有的优秀传统文化。而我国地域广阔，各地农村文化建设情况千差万别，乡村文化之路如何才能走稳走好，没有可以照搬的样本，要遵循乡村自身发展规律，尊重不同的乡村文化，保留乡土味道和乡村风貌，留得住青山绿水，记得住乡愁。要从农民最关心、最迫切的需求切入，一手抓物质文明，一手抓精神文明，传承发展提升农村优秀传统文化。中共中央国务院印发的《乡村振兴战略规划（2018—2022年）》提出，要坚持以社会主义核心价值观为引领，以传承发展中华优秀传统文化为核心，以乡村公共文化服务体系建设为载体，培育文明乡风、良好家风、淳朴民风，推动乡村文化振兴，建设邻里守望、诚信重礼、勤俭节约的文明乡村。其关键就是要传承发展中华优秀传统文化，使之深入人心，落实到每个人的行动上。

乡村文化是中华传统文化的根基，也是中华文化的重要组成部分。乡村文化传播关系着中华文化的传承与发展，在中华文化传播过程中占据着重要地位。传承和弘扬中华优秀传统文化需要文化传播人才通过构建新媒体传播矩阵、建设农村书屋、开办农民大讲堂等有效的文化传播方式，进行文化熏陶。

这里要注意的是理念层面的文化传承，不能是表象的描述或者说表象的临摹。而应当发掘乡村文化中的很重要的理念层面的文化，挖掘出每一个仪式、每一个程式表达了什么含义，去其糟粕，取其精华，不断地弘扬。比如说通过开展农民大讲堂与培训班，提高农民的思想道德素质、科学文化素质与劳动技能。但是要注意，农民大讲堂要采用农民喜闻乐见、通俗易懂的形式，开展集中宣讲、入户宣讲、现场宣讲的方式。而"农家书屋"作为乡村振兴的精神家园,可以加强村级文化阵地建设,提升农村文化软实力,满足农民文化需求。现在的农家书屋存在机制不活、内容不合口味、数字化程度不高等问题,这样我们在建设书屋的时候就要以农民阅读需求为导向,合理选择和配备符合农业生产规律和农民生活特点的书籍。

在知识和制度层面的文化传承上,要发挥老百姓口口相传的巨大作用,同时也要发挥文人记载、讲堂的传承方式。在传播渠道上可借助于新媒体技术,打造多渠道的新媒体传播矩阵,进而扩大文化传播的影响力。比如说可借助于微信公众平台、微博账号、抖音、火山小视频、西瓜视频等新媒体平台对中国优秀传统文化进行宣传,随时随地推送当地乡村的趣事、新鲜事,记录乡村文化生活,展现当地文化,提升乡村文化的影响力。

2021年,山东临沂市费县梁邱镇马蹄河村的拉面哥程运付火了,顺带着也让其所在的村子成为"网红打卡地"。将"山东拉面哥"送上热搜的是一条讲述他"3元一碗的拉面15年不涨价"的短视频,目前这条45秒的短视频在抖音一个平台上的播放量就超过了406亿次。与山东拉面哥一样的乡村网红还有很多,比如在抖音上拥有4297.8万粉丝的李子柒主要分享原生态乡村美食及非遗文化;拥有430.1万粉丝的"巧妇9妹"主要分享乡村美食及农家生活场景;拥有242.4万粉丝的"牛不啦"则主要分享乡村婆媳及妯娌间的生活场景。2021年3月吉尼斯世界纪录官方宣布李子柒以1410万的订阅量刷新了由她在2020年7月创下的"最多订阅量的油管中文频道"纪录的消息,更是让人惊讶于乡村短视频所带来的跨越国界的文化吸引力、影响力及传播力。

《第47次中国互联网络发展状况统计报告》显示,截至2020年

12月，我国短视频用户规模已达8.73亿，占网民总数的88.3%，短视频生存、短视频社交、短视频消费时代已然来临。面对当下用户在社交、娱乐、资讯获取等方面持续向短视频形态转变的现实，各类题材内容的短视频化表达，成为很多群体信息传播新的突破口。其中，乡村短视频凭借"真实、淳朴、亲近自然、接地气"的文化底色，成为短视频平台上的一道独特风景线。《2020快手三农生态报告》显示，截至2020年12月，快手短视频平台"三农"兴趣用户超过了2亿。其中，相关短视频日均播放量6.5亿次，日均消费时长500万小时，日均点赞1200万次。此类短视频往往都是乡村民众在日常生活中随手拍摄的，内容主要涉及干农活、记录日常、才艺展示、民俗文化、乡村风光等。

由此可以看出，新媒体传播矩阵是弘扬优秀传统文化的主要阵地，具体可通过以下措施来构建新媒体矩阵：一是可借助于微信公众平台，开通以"乡村文化传播"为主题的微信公众号，通过每天推2—3条文章的方式，对当地的特色文化进行宣传；二是注册乡村文化传播的微博账号，随时随地推送当地乡村的趣事、新鲜事，让身在外地的村民随时了解乡村，强化乡情；三是借助于抖音、快手、火山小视频、西瓜视频等新媒体平台，以直播、短视频、Vlog等形式记录乡村文化生活，提升乡村文化的影响力。如"三农"达人"高峰拍摄""泥土的清香"利用直播或者日常发布的短视频，向受众展现当地文化。

乡村观察

村标

208

乡村振兴

标语

旧石碾

乡村发展的困境

改革开放四十多年来,中国经济保持了持续快速的增长,城镇化大规模快速推进,常住人口城镇化率从1978年的17.92%提高到了2021年的64.72%,总体上看,1978—2021年,中国实现了7.42亿人的城镇化,平均每年新增城镇人口1725万人,城镇化率年均提高1.04个百分点。这种持续的大规模的快速城镇化是世界上绝无仅有的,也是中国对世界城镇化做出的巨大贡献。快速的城镇化带动了中国的经济结构、社会结构、空间结构的变迁,大量农村人口转移到了城镇就业和生活,农业农村现代化水平显著提升。但受城市偏向政策等因素的影响,中国农业农村现代化进程严重滞后于城镇化、工业化进程,现代农业发展乏力,城乡二元经济结构转化滞后,快速城镇化进程中城镇对乡村的带动作用未能得到全面发挥,乡村发展困境日益显现。

据《中国农村发展报告(2018)》显示,中国实现农业农村现代化评价指标体系中的29项指标中有8个指标难以在2050年完成全面实现农业农村现代化的目标,这8个指标分别为:农林牧渔服务业增加值占农林牧渔业增加值比重、农业灌溉用水有效利用系数、每公顷化肥使用量、生活污水处理率、文盲率、农村人口平均受教育年限、城乡居民收入水平比和燃气普及率。可见,实施乡村振兴战略,全面推进农业农村现代化的难点和关键主要为以下几个方面。

第一,粮食安全问题、农药、地膜、化肥的过量使用以及畜禽养殖的排泄物污染等导致农村环境问题突出。前文已述目前农村的环境问题主要表现在农业面源污染和农村人居环境不佳两个方面。从农业面源污染来看,我国农产品尤其是粮食长期过量使用农药、化肥、地膜以及规模化畜禽养殖产生的大量排泄物,导致出现耕地板结、土壤酸化、环境污染等问题。化肥、农药等使用强度较高,给大气、水、土壤等带来严重污染。据《全国土壤污染状况调查公报(2014)》显示,全国耕地土壤点位超标率为19.4%。中国的化肥、农药使用量仍然与国际安全上线标准和世界平均水平差距很大。从农村人居环境来看,由于农村建设投资长期不足,导致农村人居环境依然较差,远不能满足农村居民日益增长的美好生活需要。第三次全国农业普查数据显示,2016年全国农村仍有48.2%的家庭使用普通旱厕或无厕所,26.1%的村庄的生活垃圾、82.6%的村庄的生活污水没有得到集中处理或只有部分集中处理,38.1%的村庄内部的主要道路没有路灯,52.3%的农户尚未使用经过净化处理的自来水,44.2%的农户使用柴草作为主要生活能源。这种状况与城镇形成鲜明的对照,远不能满足农村居民日益增长的美好生活需要。

第二,随着城镇化快速推进,农村大量青壮年劳动力进城务工和安家落户,导致农村人口老龄化、村庄"空心化""三留守"等问题日益严重。从人口老龄化来看,农村老龄化水平在2005年比城市高1.39个百分点,2010年高3.50个百分点,2015年高4.26个百分点,

2019年高4.76个百分点,[①]呈现出城乡倒置的特点。据农户调查显示,老龄化的另一个方面还表现在当前农业经营人员主要以50岁以上人员构成,比重高达75.4%。农村空心化则具体表现为大量住宅长期闲置、宅基地浪费严重。同时,由于户籍化因素的影响,在城镇化进程中外出打工的农民工以男性为主,比重高达68.7%,大量老人、妇女、儿童留守农村,形成了农村"三留守"问题。

第三,农业劳动力人力资本水平较低,综合素质不高,乡村人力资本短缺。由于教育、医疗等公共服务供给长期不足,我国农民整体人力资本水平偏低的状况未得到根本转变,农村劳动力的人力资本投资处于较低水平,全国91.8%的农业从业人员仅具备初中及以下文化水平,西部和东北地区接受高中及以上教育的农业从业人员比重不超过7%,这是农业农村现代化和经济转型升级过程中必须面对的重大问题。同时,经济的快速发展和城镇化的快速推进,使城乡劳动生产率之间的差别日益显著,一大批有文化、有知识,懂技术、高素质的农村青壮年劳动力大量涌入城市,大量老人、妇女、儿童等留守农村,成为乡村人口的代表,导致农村人口老龄化、村庄"空心化""三留守"等问题日益严重。乡村人才总量不足、结构失衡、素质偏低、老龄化严重等问题较为突出。农村人口的年龄构成、科学文化水平和素养不能满足乡村振兴和农业农村现代化的需要,乡村人才总体发展水平与乡村振兴的要求之间存在较大差距,乡村人才供求矛盾更加凸显。

第四,农业结构性矛盾突出,农业比较效益差,农民增收难,城乡居民收入差别严重。《中国统计年鉴》的数据显示,1978年中国农村居民人均收入为133.6元,同期城镇居民人均收入为343.4元,城

---

① 历年《中国人口统计年鉴》。

乡人均收入相差209.8元。2018年中国农村居民人均收入超过1.4万元，同期城镇居民人均收入超过3.9万元，城乡人均收入相差2.5万元。从改革开放之初到2018年，城乡人均收入差别扩大了114倍，中国的城镇与乡村内部的收入差别基尼系数长期处于0.3—0.4，中国城乡居民的绝对收入差别在增长过程中有所扩大。而中国居民城乡收入差别较大主要缘于农民收入过低。中国还存在较大范围、较大面积的农村地区和农村居民处于低收入状态。2019年农村居民户五等分组数据表明，中国农村居民月收入1000元人群共占60%的家庭，人口比重约65%，数量有近4亿。农村内生发展能力不足，农业生产对农民增收的贡献逐步下滑，农民收入主要是依靠农业经营净收入之外的国家财政转移支付和第二、第三产业的支撑，这是农民增收难的主要原因。尽管农民财产净收入增加比较快，但占比很低，城乡居民财产净收入差距依然很大。因此，全面激发乡村发展活力，培育乡村内生发展能力，持续缩小城乡收入差距既是农业发展的难点，也是乡村振兴的关键。

第五，农业农村投入资金不足，城乡基本公共服务差距较大。自从实行家庭联产承包责任制以后，政社合一的农村组织体系解体，去组织化的现象导致农村集体经济薄弱，乡村普遍存在自有发展资金的严重不足。随着中国经济不断发展，尽管国家对于乡村发展的财政支持也是逐年在增加，但仍然很难满足"三农"发展需要。农村金融体系也明显落后于城市，金融供给侧机制不完善、金融资源配置不均衡，农村农民因为缺乏资产抵押、资质不够、风险难以把控，乡村资金无法得到更有效的机制保障，所以说财政支农也就不可能有较快增长。城乡在用水、燃气、生活污水处理和生活垃圾无害处理以及城乡居民在医疗卫生和最低生活保障等方面差距较大，农村公共服务资金投入不足。

乡村振兴

交通工具

乡村观察

烧水做饭

农具

乡村振兴的路径

民族要复兴,乡村必振兴。乡村振兴战略是实现中华民族伟大复兴的需要,是解决我国社会主要矛盾的需要,是新时代做好"三农"工作的总抓手,是第二个百年征程的起点,是实现全体人民共同富裕的必然要求。党的十九大作出了实施乡村振兴的重大决策部署,提出坚持"农业农村优先发展"的总方针,按照"产业兴旺、生态宜居、乡风文明、治理有效、生活富裕"的总要求,加快推进农业农村现代化。乡村振兴战略自党的十九大报告提出启动实施已经取得了重大进展,其制度框架和政策体系基本形成,脱贫攻坚和全面建成小康社会目标任务如期实现,开启了全面建成社会主义现代化强国的新征程。进入新发展阶段,随着脱贫攻坚目标任务的如期实现,党中央审时度势,提出全面推进乡村振兴战略。这既是实现农业农村现代化的有力举措,又是建设社会主义现代化国家,实现中华民族伟大复兴的历史性任务。在"十四五"开局、第二个一百年奋斗新征程开启的历史时期,全面推进乡村振兴战略,具有划时代的里程碑意义。

探索乡村振兴战略的实施路径,必须围绕乡村全面振兴这一长远目标，扎实推进乡村产业振兴、人才振兴、文化振兴、生态振兴和组织振兴。这"五个振兴"是当前促进乡村全面振兴的核心内涵，也是实施乡村振兴战略的五个关键支撑点。

村里的工厂

产业振兴是乡村振兴的物质基础。推进农村产业融合发展是构建现代乡村产业体系，实现乡村产业振兴的重要途径。近年来，在中央和各级地方政府的推动下，我国农村产业融合发展成效显著，各类融合主体不断壮大，涌现出一批产业融合新业态、新载体和新模式，为乡村产业振兴奠定了良好的基础。2022年中央一号文件提出，把"持续推进农村一二三产业融合发展"作为"聚焦产业促进乡村发展"的首要任务，对持续推进农村产业融合发展进行了全面安排部署。当前，中国农村产业融合发展已经进入高质量持续推进的新时期。新形势下，各地要从本地实际出发，充分挖掘农业农村功能价值，全面激活各类主体，积极引导社会资本参与乡村产业发展，催生农村产业融合新业态，构建各具特色、具有竞争力的现代乡村产业体系，全方位高质量持续推进农村产业融合发展。

就拓展农业多种功能和价值而言，可沿着以下四个方向展开：一是充分挖掘和拓展农业的生产、生活、生态、景观、休闲、教育、康养、文化传承等多维功能，大力发展生态农业、乡村旅游文化创意、休闲康养等新兴产业，推动农业产业链条的多维延伸；二是按照前后两端延伸的思路打造农业全产业链，构建贯穿于农业生产全过程、全方位的产前、产中和产后服务体系，实现农业的纵向融合和一体化；三是促进农业与农产品加工、文化旅游、电商物流等第二、第三产业的深度融合，实现农业的横向融合和一体化；四是充分发挥乡村的经济、社会、文化、生态等价值，大力发展乡村特色优势产业和新型服务业，为乡村振兴和农民富裕提供产业支撑。

就培育农村产业融合多元主体而言，要实施质量兴农、绿色兴农、品牌兴农战略，培育壮大家庭农场、农民合作社、龙头企业等新型经营主体和服务主体，因地制宜发展多种形式的适度规模经营产业，加快构建新型农业经营体系，充分发挥新型主体为农服务功能和联农带农作用，建立更加稳定长效的利益联结机制，全面推动小农户和现代农业发展有机衔接。这里需要指出的是，推进农村产业融合不单纯是新型主体的事情，对于农民的主体作用更不容忽视，要依靠政策支持和新型主体的引领带动，引导小农户广泛参与，充分调动广大农民的积极性、主动性和创造性，同时鼓励农民创新创业，推动产业链与创新链融合。

在催生农村产业融合新业态方面，近年来发展迅速。这些新产业新业态既有生物农业、智慧农业、可视农业、阳台农业、植物工厂、直播带货等新技术渗透型的，也有休闲农业、会展农业、景观农业、创意农业、农业电商、乡村民宿等产业链拓展型的，还有订单农业、信任农业、认养农业、农业众筹、社区支持农业、定制农业、共享农庄等模式创新型的，可谓种类繁多。但需要注意的是，各地正在探索的这些产业融合新业态，由于是近年来兴起的新生事物，目前还缺乏相应的标准和规范，需要在实践探索中不断丰富完善。一方面，要立足于共同富裕目标，积极引导农民直接经营或参与经营，使农民能够更多分享新业态的增值收益；另一方面，要在总结各地实践经验的基础上，制定完善各种新业态的技术标准和管理规范，出台相关的支持政策措施，引导各种新业态规范健康发展。

广场电影

人才振兴是乡村振兴的关键因素。人才振兴是乡村振兴战略的核心价值。习近平总书记指出，"人才振兴是乡村振兴的基础，要创新乡村人才工作体制机制……充分激发乡村现有人才活力，把更多城市人才引向乡村创新创业"①。如果没有一批符合需要的乡村人才，实现乡村振兴只能是空话。长期以来，乡村中青年、优质人才持续外流，乡村人才总量不足、结构失衡、素质偏低、老龄化严重等问题较为突出，乡村人才总体发展水平与乡村振兴的要求之间还存在较大差距。进入新发展阶段，要全面推进乡村振兴战略，加快农业农村现代化，乡村人才供求矛盾将更加凸显。2021年2月《关于加快推进乡村人才振兴的意见》提出，加快推进乡村人才振兴，培养造就一支懂农业、爱农村、爱农民的"三农"工作队伍，既是中央部署的工作要求，也是基层实践的迫切需要。

党的十九大以来，习近平总书记就实施乡村振兴战略发表了一系列重要讲话，作出了一系列指示批示。习近平总书记关于实施乡村振兴战略的重要论述，深刻回答了为什么要振兴乡村、怎样振兴乡村等一系列重大理论和实践问题，是新发展理念在农业农村工作中的全面贯彻，是中国特色社会主义道路在农村的创新实践。在新时代推进乡村振兴战略，必须以习近平新时代中国特色社会主义思想为指导，全面贯彻党的十九大和十九届历次全会精神，准确领会中央实施乡村振兴战略的战略意图、总体要求和重点任务，准确把握乡村振兴对乡村人才提出的新要求，调动全社会力量，切实抓住历史机遇，增强责任感、使命感、紧迫感，把乡村振兴战略实施好。

目前，乡村振兴战略的制度框架和政策体系已基本形成，在产业融合发展、生态农业发展、互联网+现代农业、社会民生改善等方面

---

① 《习近平关于"三农"工作论述摘编》，中央文献出版社2019年版，第194页。

的长足实践，已取得良好的社会效益和经济效益。乡村振兴是产业、文化、生态、组织等的全面振兴，在人才需求上具有多元性，包括乡村治理人才，农业产业经营人才，农村第二、第三产业发展人才，农业农村科技人才，农村公共管理服务人才等。但当前我国乡村人才队伍建设仍存在一些问题，比如人力资本短缺、乡村人才流失、乡村人才培养机制不健全等。乡村人才问题仍然是乡村振兴实施过程中的突出短板和薄弱环节。

破解人才瓶颈，成为实施乡村振兴战略攻坚克难的大仗和硬仗。要把人力资本开发放在首要位置，畅通智力、技术、管理的下乡通道，造就乡土人才，吸纳天下精英。正如习近平总书记指出的："加强对人才工作的政治引领，全方位支持人才、帮助人才，千方百计造就人才、成就人才，以识才的慧眼、爱才的诚意、用才的胆识、容才的雅量、聚才的良方，着力把党内和党外、国内和国外各方面优秀人才集聚到党和人民的伟大奋斗中来，努力建设一支规模宏大、结构合理、素质优良的人才队伍。"[1] 为全面推进乡村振兴提供坚实的人才支撑，使广袤的乡村充满勃勃生机，迎来更有希望的发展前景。人才振兴，根本在于聚才，关键在于育才，核心在于用才。要让更多人才愿意来、留得住、干得好、能出彩，人才数量、结构和质量能够满足乡村振兴需要。为此，要创造有利于各类人才成长、发挥作用的良好环境，要有一个好的制度安排，把现有的农村各类人才稳定好、利用好，充分发挥现有人才的作用。要加强农村人才的培养，切实做好农村干部、农民企业家、新型主体和农民的培训，提高农民素质和科学文化水平，建立一支符合乡村振兴需要的干部和专业人才队伍。积极创造条件，鼓励城市企业家、居

---

[1] 习近平：《习近平谈治国理政》（第四卷），外文出版社2022年版，第538页。

民、大学生和各类人才下乡创业和休闲居住，大力支持"城归"群体和外出农民工返乡创业就业。

一是挖掘本土人才。乡村人才振兴需要各类人才，在这其中，本土人才在数量上占多数，在空间上带不走，在时效上最长久，扮演着重要的主体角色。挖掘乡村本土人才，不仅仅是出于理论的判断，也是出于现实的考虑，因为"民间有高手"。稍加寻找不难发现，乡村有不少的"田秀才""土专家"，他们或者是种植养殖能手，或者是乡土设计建筑师，或者是民间非遗传承人，或者是乡村教师医生等。这些人生于乡村、长于乡村，对乡村有感情，对发展有期待，愿意为乡村振兴发光发热，一定要挖掘他们的潜力，激发他们的动能，让他们全程深度参与乡村振兴工作。

二是吸引返乡人才。要建立有效的激励机制，吸引那些外出务工、外出经商和离村退休人员返乡，投身乡村建设。这部分人，虽然现在不在村里生活了，但农村有他们的亲戚朋友，有他们的成长记忆，有他们的情感维系，纵然走得再高再远，他们的根也扎在故乡的山水林田之间。他们或者学有所成，有稳定的工作；或者历经打拼，有自己的事业；或者已经退休，有反哺的想法。这些人有见识、有能力、有资源、有创新方法，应吸引他们为乡村振兴。

三是吸引下乡人才。上面我们讲的本土人才、返乡人才，都属于农村熟悉人才。而下乡人才，则属于农村陌生人才。虽然目标乡村对他们不熟悉，他们对目标乡村也不熟悉，但这些下乡人才，在情感上愿意下乡，在能力上适合下乡。其中一些人还自带某行业、某企业、某单位的各类资源要素，吸引他们下乡，或者可以发挥"头雁效应"，引领乡村发展方向；或者可以发挥"鲶鱼效应"，激活乡村发展动能。但要注意的是各乡村对于下乡人才的需求是不一样的，所以吸引下乡人才，各地要因地制宜。具体可通过建立城市医生、教师、科技、文化等人才定期服务乡村制度，将基层工作经历作为职称评审、岗位聘用的重要参考。成立乡村振兴顾问团，支持引导退休专家和干部服务乡村振兴。

四是打通人才发展梗阻。就人才振兴而言，留才、引才只是基础，用好人才才是关键。乡村振兴，应该最大化发挥每一类人才、每一个人才的作用，不能说好不容易把人才集聚起来了，却因为考虑不周、使用不当，使一部分人才处于英雄无用武之地的情状。外来人才有外来人才的优点，本地人才有本地人才的长处，在使用人才的时候，要做到"一个都不能少"，为每一个人才提供用武之地，让他们能够在乡村振兴的大舞台上尽心、尽情、尽力施展各自的才能。具体措施有：健全农村工作干部培养锻炼制度；完善乡村人才培养制度；建立各类人才定期服务乡村制度；健全鼓励人才向艰苦地区和基层一线流动激励制度；建立县域专业人才统筹使用制度；完善乡村高技能人才职业技能等级制度；建立健全乡村人才分级分类评价体系；提高乡村人才服务保障能力。

五是发挥人才协同效应。有基层干部说，人才少了有少的烦恼，人才多了也有多的烦恼。少的烦恼好理解，多的烦恼如何理解呢？原来人才多了，这么多人集聚在一起，如果使用不当，就会发生"外来和尚乱念经""三个和尚没水吃"等乱象，到时候，各类人才你打你的鼓、我敲我的锣，又如何唱得好乡村振兴这台戏呢？所以人才振兴一定要注重通盘考量、统筹使用，要考虑到每一个人才的优缺点和每一组搭配的长短处，从而优化组合、提升效用，让各类人才能够"聚成一团火、散作满天星"，让集聚起来的人才能够切实发挥协同效应，实现"$1+1>2$"的效果。

书屋

文化振兴是乡村振兴的精神根基。实施乡村振兴战略，文化振兴必当先行。如果乡村文化衰败，不文明乱象滋生，即使一时产业兴旺，也难以获得持续长久的繁荣。改革开放以来，乡村经济社会发生巨变，农民生产生活方式明显改观，生活水平大幅提升，但是，与之形成鲜明对比的是乡村精神文化发展相对滞后，制约了乡村的进一步发展。因此，党的十九大明确把乡风文明作为乡村振兴的目标和要求，把加强乡村文化建设作为新时代乡村振兴战略的重要部署。2021年，我们已经完成了脱贫攻坚任务，进入了全面小康社会，开启了第二个"一百年"的新征程。乡村经济社会发展水平已经有了大的突破，但乡村发展却仍是中国式现代化发展的短板。这不仅表现在城乡经济发展水平的巨大差异上，更体现为传统文化资源的流失、农民精神文化需求的短缺及全社会对乡村文化价值认识的偏差，导致了乡村文化的空心化、虚无感和与现代文化对接能力的缺失。因此，充分认识到乡村文化繁荣在新乡村建设中的作用，以一种更加积极、主动的姿态去推动乡村文化振兴，重视解决好乡村精神和文化的现实问题，让文化在促进乡村生产发展、生活宽裕、乡风文明、村容整洁、管理民主等方面发挥重要作用，建设农民的精神家园，夯实乡村振兴的精神基础成为新时代乡村工作的重心。

乡村文化振兴的标志，核心是实现乡风文明，农村精神文明和文化建设能够满足人民群众日益增长的精神需求。为此，必须坚持物质文明和精神文明一起抓，以社会主义核心价值观为引领，加强村风民俗和乡村道德建设，倡导科学文明健康的生活方式，传承发展提升农村传统优秀文化，健全农村公共文化服务体系，培育文明乡风、良好家风、淳朴民风，促进农耕文明与现代文明有机结合，要传承传统文脉、美德，让优秀文化基因融入时代迈进的新鲜血液，实现乡村文化

乡村观察

振兴。同时，还要保护好传统村落、民族村寨、传统建筑，用心留住文化记忆，将乡村文化融入乡村规划、景观设计和村庄建设之中，充分体现村庄特色和乡土风情。

乡村建设规划

生态振兴是乡村振兴的重要支撑。乡村生态振兴的标志,就是要实现农业农村绿色发展,打造山清水秀的田园风光,建设生态宜居的人居环境,让农村更像农村。中国乡村幅员辽阔,乡村人口数量众多,尽管在城镇化的快速推进过程中,乡村人口逐年减少,但依然有4亿人口居住在乡村。改革开放四十多年以来,农业和农村经济发展取得了巨大成就,但农业生态保护环境问题日益突出,农业"高污染"和"高消耗"形势不容乐观,严重影响了农村经济乃至全国经济可持续发展和生态建设的步伐。2013年习近平总书记在海南考察时指出:"良好的生态环境是最公平的公共产品,是最普惠的民生福祉。"[①] 农村决不能成为荒芜的农村、留守的农村、记忆中的故园。搞好农村环境保护,对农村生态环境、农民群众身心健康乃至全国生态文明建设都具有重要意义。

推进生态振兴必须以习近平生态文明思想为指引,坚持人与自然和谐共生,树立和践行绿水青山就是金山银山的理念。为此,要按照全面小康的要求和更高的标准,加强农村公共设施建设,全面改善农村人居环境,建设功能完备、服务配套、美丽宜居的新乡村;加强农村生态建设环境综合治理,尤其要加大农村面源污染、垃圾污水治理力度,推进农村"厕所革命",着力打造天更蓝、水更清、地更绿的美丽家园,让良好生态成为乡村振兴的支撑点;实施化肥、农药使用减量行动计划,采取总量控制与强度控制相结合的办法,推动化肥、农药等使用总量和强度实现持续快速下降,力争到2030年将化肥、农药使用强度降到国际警戒线之下。还要强调的一点就是,要注重对乡村原本风貌的保护,构建传承乡土特质、乡土文化,建设"让居民望得见山、看得见水、记得住乡愁"的生态宜居美丽乡村,让农村更像农村。

---

① 何毅亭:《学习习近平总书记重要讲话》,人民出版社2013年版,第34页。

乡村观察

服务中心

230

组织振兴是乡村振兴的保障条件。乡村是我国经济社会发展的重要基础,也是国家治理的基本单元。乡村治理作为国家治理体系的重要部分,其治理成效不仅关系到乡村经济和社会的发展,更会影响整个国家的稳定与长远发展。[1] 所以说乡村振兴,治理有效是基础,而治理有效的关键在于在各级党组织的领导下,充分发挥乡村基层组织在实施乡村振兴战略中的合力,加强乡村治理体系和治理能力现代化建设,有效推动组织振兴。乡村治理的基本问题,是如何认识和对待农民。如何认识农民,关乎治理理念;如何对待农民,关乎治理体系。[2] 乡村组织振兴就是要通过构建新型乡村治理体系,培养造就一批坚强的农村基层党组织和优秀的农村基层党组织书记,建立一个更加完善有效、多元共治、充满活力的乡村治理新型机制。

改革开放以来,乡村人才、劳动力以及资金都随着农村人口的转移流向了城镇,农村留守人口整体素质开始下滑,与留出人口对比而产生的相对剥夺感逐渐凸显,基层政权在乡村治理的压力越来越大。农业税取消之后,很多基层政权缺少治理资源,乡镇财政来源锐减,乡、村两级干部正常支出严重不足,没有能力也没有动力向农民提供公共产品和公共服务,基层政权与农民的关系日益疏离,再加上部分基层组织在现实的运作中表现出极大的自利性,从而加深了村民与基层组织的矛盾,弱化了基层组织在农村工作中的社会凝聚与控制功能。

推动组织振兴必须坚持党的领导,必须坚持农民主体地位,必须重视发挥多元力量协同参与。可以说,我们党能不能把广大农民群众

---

[1] 孙德超、钟莉莉:《中国共产党领导百年乡村治理的演进脉络、逻辑理路与价值意蕴》,《学习与探索》2021年第9期。

[2] 赵树凯:《乡村治理的百年探索:理念与体系》,《山东大学学报》(哲学社会科学版)2021年第4期。

吸引和组织在自己周围,最大限度地发挥农民的积极性和创造性,决定着党的事业兴衰成败。因此,要强化基层党组织的战斗堡垒作用,打造千千万万个坚强的农村基层党组织,培养千千万万名优秀的农村基层党组织书记,进一步深化村民自治实践,强化信息公开和村民参与,全面推进并完善基层民主治理和依法治理,推进治理方式和手段多元化,因地制宜探索各具特色的治理模式,建立完善自治、法治、德治相结合的乡村治理体系,走乡村善治之路。自治、法治、德治相结合的乡村治理体系,是一种符合中国国情特点的,更加完善有效、多元共治的新型乡村治理体系。在这一治理体系中,法治是保障,自治是根本,德治是支撑。只有实行自治、法治、德治相结合,才能确保乡村社会治理有效、充满活力、安定有序。

乡村振兴的策略

2022年全球新冠疫情仍在蔓延，世界经济复苏脆弱，气候变化挑战突出，我国经济社会发展各项任务极为繁重艰巨。在"百年变局和世纪疫情交织叠加"的国际环境下，党中央认为，接续全面推进乡村振兴，要稳住农业基本盘、确保农业稳产增产、农民稳步增收、农村稳定安宁。这一篇的内容我想谈一谈在百年变局和世纪疫情交织叠加的国际大环境之下，中国接续全面推进乡村振兴战略的具体策略。

因地制宜，分类推进，探索多种形式的乡村振兴模式

前文多次述及中国乡村范围广大，村庄类型比较多，地理位置、自然资源、经济基础、发展状况千差万别，呈现出多元化、差异性特点。因此实施乡村振兴战略必须遵循乡村分异规律，坚持分类推进的基本原则，因地制宜、分类指导、精准施策，结合不同村落地区的特点，针对不同区域、不同类型的村庄，实行分区分类的差别化推进策略，构建起不同区域、不同发展水平、不同发展模式的乡村振兴制度体系。要鼓励探索多种形式的乡村振兴模式，打造各具特色的乡村振

乡村观察

兴样板，不能搞"一刀切"。人有特点，村有村情。要着力发现不同村落的个性，打造乡村的"异质"，用乡村独特的魅力留人、用乡村特有的景物感人、用乡村独具的文化吸引人。另外需要注意的是，乡村振兴是全域、全员、全面的振兴，不能大干快干乱作为。2022年中央一号文件特别强调了健全乡村建设实施机制，明确了落实乡村振兴为农民而兴、乡村建设为农民而建的要求，强调坚持自下而上、村民自治、农民参与，启动乡村建设行动实施方案，因地制宜、有力有序推进。

齐鲁样板村

关注县域发展，重视县域问题

县域作为乡村振兴的重要载体，其经济发展在促进三大产业融合、推动农业升级和农村进步等方面起到关键性的作用。全面推进乡村振兴应关注县域发展，重视县域问题。推动县域经济高质量发展，要素保障是基础，"人""地""钱"这三个要素，是县域最基本的资源要素，县域经济的高质量发展离不开土地、资金和人才。

土地是财富之母，生产之要，强化土地要素保障，可以促进资本、人才、技术等资源向县域聚集，形成多要素联动改革，为新时代县域经济社会发展注入新的强劲动力。深化农村承包地、宅基地和农村建设用地"三块地"改革，是关乎县域乡村经济发展和社会稳定的核心问题。科学合理的土地要素市场化配置改革，有利于盘活存量建设用地，保障县域新产业新业态经济的发展；有利于激发农村劳动力的积极性，促进县域农业产业高质量发展；有利于带动人才、资本、技术等其他要素改革协同推进，为县域经济社会发展注入新的强劲动力。那么，如何强化土地要素的保障呢？

要完善农村承包地"三权分置"制度，优化县域耕地资源配置，促进农地流转。一是扎实推进承包地经营权确权登记颁证工作，确保第二轮土地承包到期后延包平稳过渡。承包权确权登记颁证工作已于2018年年底基本完成，在此基础上，抓好确权登记颁证扫尾工作，善始善终，做到应确尽确，切实维护好农民的土地承包权益，让农民吃上"定心丸"，为土地流转创造良好条件；因地制宜，在尊重农民意愿的基础上，探索多种形式的平稳过渡，做好政策的前后衔接，并妥善处理土地延包进程中存在的失地农民和土地细碎化等的历史遗留问题，以维护农村社会和谐稳定为前提，完善并规范现有的相关配套政策。二是放活土地经营权，建立健全土地流转制度，规范流转交易秩序，完善流转服务体系。以放活土地经营权为重点，推动土地适度规模集中，有利于吸引工商资本到县域乡村经营农业，释放附着在土地上的财产权利，让农民真正受益；进一步规范土地流转行为，依法依规建立健全土地流转制度，加强土地流转监管，建立健全参与土地流转的项目审查机制和风险防范制度等；强化土地流转服务，建立健全土地经营权流转市场，以土地流转服务平台为载体，为流转双方提供政策咨询、信息发布、合同签订和档案管理等服务。三是转变农业生产经营模式，探索新型农业服务模式，形成适合县域特色的土地适度规模经营模式。在依法、自愿、有偿原则的基础上，探索村民股份合作化经营模式，将土地承包经营权入股集中到合作社，并吸引劳动力、资金、人才等其他要素入股合作，实行资源要素统一管理和市场化运作；积极培育新型农业经营主体，实施新型职业农民培育工程，规范建设家庭农场、农民合作社，发展服务带动型规模经营；从县域实际情况出发，注意平衡各方利益，探索发展多种形式的土地托管、联耕联种、代耕代种等适度规模经营模式。

要深化农村宅基地"三权分置"改革，增强县域农村发展内生性，提升土地利用效率。一是强化集体所有权，提升土地利用效率。结合宅基地确权登记颁证工作，明确宅基地集体所有权；加强相关法律法规和制度建设，在局部试点的基础上加快形成县域"统一规划＋集体自治"模式，保证政府对城乡土地使用的统一规划，强化村集体对宅基地的处置能力；完善村集体治理机制，对"一户多宅"、闲置宅基地等探索有偿使用与退出机制，破解农村闲置、散乱宅基地低效利用现象。二是保障农户资格权，适度放活使用权。各地县域应根据实际情况，加快完成宅基地资格权认证与确权工作，在确保农户取得对宅基地的权利基础上，对宅基地的使用权、流转权和收益权等进行探索认定,构建合理的权利结构体系;完善宅基地流转机制,健全农村产权流转交易市场建设,因地制宜采取多种形式盘活宅基地使用权,包括允许农户通过自营、租赁、入股等方式流转宅基地使用权,优化资源配置效率。三是完善宅基地监管体制及配套服务体系。建立宅基地确权和流转工作监督评议机制,严格农村宅基地管理,防止土地占用失控;规范流转主体市场行为,加强流转过程监管,完善流转履约监督机制,充分保障流转主体的权益不受损害;充分发挥农村产权交易平台的作用,引入有资质、有信誉的产权交易公司,探索实现交易平台的政企合作,提高流转交易效率,节约流转交易成本。

要推进农村集体建设用地制度改革,保障县域产业融合发展合理用地需求。一是拓展农村集体建设用地使用途径,创新综合开发利用方式。立足于推进县域产业兴旺、人民生活富裕,建立完善的土地开发利用体系,"统一规划、统一开发、统一流转",增强政府对土地市场的调控能力,深度挖掘农村闲置和低效利用建设用地资源,提升农村集体建设用地的供应质量和价值空间;各县域因地制宜,对荒山、荒沟、荒丘、荒滩等"四荒地",结合自然禀赋、人文特色、经济发展水平,创新综合开发利用方式,适度发展休闲农业、乡村旅游等项目,实现县域三大产业融合发展。二是推进农村集体经营性建设用地入市改革。建立集体经营性建设用地入市制度,以"符合规划和用途管制"为前提,在先行先试基础上优先推进存量集体经营性建设用地入市,允许就地入市或异地调整入市;探索以农村集体经济组织为载体,盘活农村集体经营性建设用地使用权,吸引工商企业、返乡入乡人才等合股联营,大力发展康养、旅游等服务业,化解县域农村非农产业用地瓶颈。三是创新集体土地交易制度,探索集体用地增值收益分配机制。结合城乡建设用地增减挂钩,实现人地流动挂钩,推动农村集体经营性建设用地跨区域、扩范围流动；加快建立城乡一体的建设用地市场运行机制、交易管理制度和服务体系，构建合理的集体建设用地增值收益分配机制，加强集体分享收益监管，兼顾国家、集体和个人收益。

促进乡村振兴战略与县域经济高质量融合发展，必须解决好钱从哪里来、用到哪里去、具体怎么用的问题。资本作为乡村振兴战略实施过程中不可或缺的要素，在完善县域乡村产业发展格局、释放县域乡村政策红利、提升县域乡村产业质量效益等方面发挥了长足优势。但目前在社会资本参与下乡过程中，仍存在诸多"瓶颈"：下乡资本的自利性利益驱动导致土地流转问题频发；营商环境有待改善，资本下乡融资难；县域乡村金融体系有待完善，金融服务有待加强；运营成本偏高，资本下乡活力不足等。要破解这些"瓶颈"，社会资本在下乡时一要厘清政府、企业和农民的利益联结，二要营造公平公正的营商环境，三要健全资本下乡保障制度，创新投融资机制，四要规范资本下乡准入和动态监管，从而激发县域乡村内源发展动力。

构建政府、企业和农民利益联结机制。一是构建合理的利益分配机制。充分发挥市场资源配置的决定性作用，同时发挥政府宏观调控和弥补市场失灵的功能，推动资本下乡企业与农民形成利益共享、价值共生的良性互动机制。对于不同联结方式的合作，比如买断联结、合作联结、企业化联结、股份式联结等，采取差别化利益分配机制；地方政府优化和加强公共服务职能，建立正向激励机制，明确利益总体分配导向，通过投资补助、财政贴息、项目扶持等方式，实现社会资本与县域产业的有机融合。二是构建合理的利益协调机制。鼓励社会资本通过兼并、联营等方式扩大经营规模，同时通过技术、人才等要素的融合渗透，实现规模效应，降低经营成本，提升综合效益；鼓励社会资本采取多种形式与农户建立协作型利益关系，比如为农户提供市场信息、签订产销合同，实现经营收益的多次分配、直接入股分红等。

营造公平公正的营商环境。一是优化投资环境，增强对社会资本的吸引力。健全城乡融合经济发展机制，出台具有吸引力的引资惠农政策措施，实施财政奖补政策，对规范落地的项目予以奖励，调动各级运作的积极性；鼓励县域农信等金融机构加大对涉农项目的支持力度，优化审批流程，提高放贷效率，有效提高社会资本投资落地率；探索建立健全县域特色产业项目管理体制机制，全面细化管理要求，强化项目筹划管理，加强日常督导推动，严格把控项目资本运作关键程序。二是构建公平竞争的市场法治环境，让资本下乡无后顾之忧。维护公平竞争市场环境，综合运用多种监管手段，建设高标准县域市场体系，保护、鼓励和支持下乡企业的市场竞争活动，同时对欺诈合作、投机倒把的下乡企业依法惩治，实施统一的市场准入负面清单制度，加快推进监管能力现代化；提高市场主体法治意识，充分发挥县域行业协会、商会维护公平竞争的功能，提高其自觉性和主动性，加大普法宣传力度，引导下乡企业和农民诚实守信，树立公平竞争理念；进一步加强资本下乡市场监管，创新监管执法方式，建设市场化法制化的营商环境。

健全资本下乡保障制度，创新投融资机制。一是建立健全县域经济财政投入保障制度，根据不同县域的区域特色和发展优势，公共财政更大力度向"三农"领域倾斜，优化县域财政供给结构；加快县域乡村信用体系建设，探索建立下乡企业和农民诚信管理平台，实现信息依法公开；完善农村产权交易体系，构建资本下乡保障体系，强化下乡资本经营风险防范；提高金融服务水平，创新金融服务方式，完善县域村镇银行准入条件，服务好资本下乡企业和农民。二是探索创建财政资金、金融资本和社会资本多渠道投融资机制。创新财政支农资金投入机制，建立并完善财政资金整合平台，引入市场化机制，提高财政支农资金的利用效率和活力；鼓励金融资本以多种形式下沉到乡村，完善农村金融市场，开发适合县域乡村特色的金融产品；进一步深化农村集体产权制度改革，创新社会资本下乡激励机制，有效盘活农村承包地、宅基地和集体建设用地等资源，拓展社会资本下乡的发展空间，探索多样化的资本互利模式。

规范资本下乡准入和动态监管。一是建立资本下乡准入机制。做好前期约束和事前控制，在土地流转之前对社会资本的企业资质、经营项目和信用进行严格审查；严格实行土地用途管制，要根据企业资质、土地流转规模、经营项目等合理确定资本准入资格；根据县域特色发展需求，加强对企业的咨询指导服务工作，引导社会资本确定适当的经营范围和经营项目，结合当地县域经济发展需求和农业农村发展现状，引导社会资本进入当地有一定资源优势但发展较为薄弱的环节，鼓励结合新业态适度发展智慧工业、乡村旅游业等。二是加强资本动态监管。对流转土地资本利用情况进行动态追踪监管，可结合现代科技手段实施动态监测管理，如发现借土地流转之名套取国家政策扶持或其他违规行为应及时予以干预或制裁；将土地用途管制执法检查纳入县乡两级日常巡查范围，并充分利用管理区行政职能，加强对土地用途管制执法检查；完善定期检测和预警制度，通过年检程序及时了解流转土地资本运营情况，对不符合相关规定的及时予以通告整改并建立预警机制，确保对下乡资本监管到位。

随着我国经济进入高质量发展阶段，返乡入乡创业就业正释放出巨大的潜力，为缓解城市就业压力、促进农村劳动力就业增收、驱动县域经济社会发展提供了新动力，为乡村振兴战略的实施注入了新活力。依托县域资源和优势,落实就业优先政策,推动农民工等人员返乡入乡创业就业,对于畅通要素流动、实现县域经济高质量发展,推进农民就近就地市民化、加快形成城乡融合新发展格局,促进农村社会和谐发展、实现乡村全面振兴,具有重要意义。2020年11月,农业农村部等7部门印发《关于推进返乡入乡创业园建设 提升农村创业创新水平的意见》提出,到2025年,在全国县域建设1500个功能全、服务优、覆盖面广、承载力强、孵化率高的返乡入乡创业园,吸引300万返乡入乡人员创业创新,带动2000万农民工就地就近就业。但是目前县域地区尤其是农村,还存在生产经营配套设施、引导和扶持创业就业政策不完善;在推进返乡入乡创业就业过程中,缺乏有市场竞争力的产业集聚和产业特色园区,优势产业链融资渠道单一,返乡入乡人员创业就业收入待遇水平偏低;返乡入乡人员的综合素质偏低,就实现高质量就业创业而言,还存在较大差距;县域公共就业服务综合平台建设仍未实现服务范围全覆盖,综合服务能力亟待加强,尤其是乡镇公共就业服务机构,存在基础设施落后、服务人员紧张、数字化水平低等问题。因此,应在加强政府政策扶持力度,集聚特色产业要素资源,强化创业带动、园区拉动,加强职业技能培训,强化人才支撑、载体服务等方面出台相应措施,健全保障机制,以返乡入乡创业就业推动县域经济高质量发展。

突出政策扶持,坚持市场导向。一是明确发展方向。立足县域现有基础条件,深入调研分析,因地制宜布局产业发展的重点领域,明晰发展要点和清单,以具体项目为抓手,确定新兴产业重点企业和创业园区,做好顶层设计,推动返乡入乡创业就业高质量发展。二是突出政策扶持,注重发挥政府引导协调作用。通过税费减免优惠政策和加大财政资金支持等措施,鼓励县域企业优先招用本地农村劳动力,提升本地农村劳动力就业比重;推进返乡入乡创业园建设,集聚要素资源,为农民工返乡入乡创业就业提供全面的政策保障。三是坚持市场导向,坚持市场在资源配置中的决定性作用,吸引更多的社会资本返乡入乡。以企业为主体,以市场为导向,发挥返乡入乡创业园等平台作用,整合县域现有产业资源,创新运营模式,努力走出一条可复制推广的以返乡入乡创业就业促进县域经济高质量发展的新路子。

集聚特色产业要素资源,强化创业带动、园区拉动。一是突出县域特色,形成产业集群优势。各地立足县域实际,以特色化、产业化、集群化为原则,结合自身资源禀赋,并将产业基础和文化基因充分融合,大力发展特色产业,在规模方面形成大体量,专业化程度高,支撑带动创业就业能力强,从实际出发发展壮大特色产业集群。二是加大产业园区建设,以创业带动就业,促进增收。充分认识特色产业园区的带动作用,重点支持发展潜力大、竞争优势强、辐射能力广的龙头产业园区,并制定有关人才、土地、资金等方面具有吸引力的政策,吸引返乡入乡人员进入园区创业,以创业带动就业,促进返乡农民工增收创收。三是发挥行业协会作用,培育企业家精神。由于返乡入乡人员初始创业的企业规模较小,力量较为薄弱,因此有必要发挥行业协会的资源集聚和协商游说作用,为返乡入乡人员提供支持动力;积极推进产学研深度合作,引导和培育返乡入乡人员的优秀企业家精神,调动返乡入乡人员创业就业的积极性。

加强职业技能培训,强化人才支撑。一是聚集创业就业培训资源,扩大培训范围。借助社会优势资源,尤其是职业院校、应用型本科高校等,拓展培训途径,根据返乡入乡人员就业创业的需求制订有针对性的培训计划,创新培训模式,提高就业和创业成功率。二是开展特色技能培训，提升培训质量。结合不同地区县域特色发展资源和企业需求，充分利用生态农场、特色旅游小镇等优势产业资源，以"订单式""定向性""实用性"为原则，开展特色职业技能提升培训和创业培训，建设特色培训品牌，不断提高返乡入乡人员的自主创业和就业能力。三是创新县域技能人才培养制度，提升技能型人力资本质量。根据县域实际需求，着重加强返乡入乡人员的农业科研培训和制造业技能培训，探索校企深度融合的培养模式，重视创业导师队伍建设，实现产业资源和教育资源共享，帮助返乡入乡人员"进可创业，退可就业"。

强化载体服务，健全保障机制。一是完善县域公共就业服务体系。推进就业服务均等化、标准化和规范化，在统筹兼顾的同时，落实就业服务资源向乡镇倾斜，以农民工综合服务中心为载体，为返乡入乡人员提供一站式服务窗口，在政策咨询、创业就业指导、技能提升、社会保障等方面提供数字化信息支持，借助互联网＋资源，实现就业创业信息收集、入库、传递等线上线下有效对接。二是加强工作平台建设。在掌握返乡入乡人员信息台账和本地企业用工信息台账的基础上，搭建就业服务平台、技能提升平台和返乡创业平台，为返乡入乡人员提供面对面服务，进行点对点培训，为返乡入乡人员提供良好的创业就业环境，提高创业和就业成功率。三是健全社会保险体系和社会救助机制。将返乡农民工和灵活就业人员作为参保重点，鼓励相关企业积极为其参保，加大宣传力度，强化社保参保；健全社会救助机制，为返乡入乡人员创业就业提供强大后盾。

齐鲁样板村

重塑城乡关系，推动城乡融合

无论是理论还是实践，乡村振兴首先必须重塑城乡关系，走城乡融合发展之路。乡村振兴战略的核心是农业农村的现代化，这就需要坚持农业农村优先发展的政策。但总的来说，城镇化仍是中国经济发展的首要因素，乡村的振兴离不开城镇化的支撑，两者应同步协调实施，实现城镇和乡村的双轮驱动，在城乡关系上实现城乡要素的双向流动。一方面农村劳动力转移为土地规模适度经营，发展现代农业，提高农业效益提供了空间。另一方面现代化农业和农村新兴产业的发展也会吸引城镇各种要素流向农村。

城乡融合发展，人才是关键因素，要创新城乡融合要素发展思路，畅通城乡人才双向流动通道，全面盘活城乡两端人才资源，带动产业、资本等要素在城乡之间良性循环，为乡村振兴赋能，为构建双循环新格局提供重要支持。

党的十九届五中全会提出，"推动形成工农互促、城乡互补、协调发展、共同繁荣的新型工农城乡关系，加快农业农村现代化"。当前我国城乡发展不平衡、农村内部发展不充分的问题依然突出，现阶段推进城乡融合发展，既是破解新时期社会主要矛盾的关键抓手，又是实现我国现代化的重要标志，也是拓展城乡发展空间的强大动力。城乡融合发展，人才是关键因素，要创新城乡融合要素发展思路，畅通城乡人才双向流动通道，全面盘活城乡两端人才资源，带动产业、资本等要素在城乡之间良性循环，为乡村振兴赋能，为构建双循环新格局提供重要支持。

第一，健全农业转移人口市民化推进机制。农业转移人口市民化是推进以人为核心的新型城镇化的核心议题，是解决"三个1亿人"问题的重要举措，也是破解城乡二元结构的有力抓手，更是支撑我国经济高质量发展的内生动力,对促进社会和谐稳定、推动城乡融合发展、畅通国内大循环具有重要意义和深远影响。

近年来,推进农村转移人口市民化工作已取得显著成效,但仍面临诸多瓶颈制约,主要表现在"进城务工容易,落户安家困难""平等就业容易,公平维权困难""基本生活容易,提升质量困难""共同生存容易,和谐融入困难"等方面。要想突破农业转移人口市民化中的多维困境,必须健全农业转移人口市民化推进机制。统筹推进户籍制度改革,打通农业转移人口市民化制度通道。进一步放宽落户限制,完善以城市规模为主的落户标准,探索以区域差异化为主的差别化落户政策;推进居住证制度配套改革,逐步弱化附着在户籍制度上的各项福利制度,强化居住证制度下的基本公共服务保障,提高居住证制度的含金量;建立"互联网+"户籍管理信息化平台,利用人口服务信息化服务优势,实现落户"一站式"服务,为农业转移人口进城落户提供便利。加大"人地钱挂钩"配套政策的激励制度,为农业转移人口市民化托底。加大新增建设用地计划指标与吸纳落户数量挂钩力度,将"人地钱挂钩"政策与农村"三权"分置改革相结合,深化农村土地制度改革,打通农村农用地、宅基地和集体经营性建设用地"三块地"之间的转化渠道,最大限度盘活农村土地资源,提高农业转移人口落户积极性。健全农业转移人口人力资本提升机制,提升其市民化能力。健全农民工职业教育和继续教育制度,建立高效统一的劳动力市场,充分发挥政府、企业、社会组织和个人在农业转移人口人力资本提升中的作用,从农业转移人口输入地、输出地两个视角出发,构建以政府为主导、以企业管理为前提、以社会组织为辅助和以自我发展为核心的四位一体提升机制。

第二,健全城市人才入乡激励机制。2020年中央一号文件提出"要推动人才下乡",城市入乡人才是促进城乡其他要素流动的重要力量,对城乡融合发展有着关键作用。城市入乡人才拥有扎实的理论知识,对乡村问题有着独到的思考和观察,他们的智慧、经验和价值,将为乡村振兴和城乡融合发展带来独特的社会经济效益。但由于农村自然环境和科技水平的限制,以及城市化进程的加快,大量农村劳动力转移,在目前城乡融合发展过程中存在乡村基层农业技术人员严重短缺、乡村经济管理人才稀缺、农村劳动力出现断代风险的现象。因此,应建立健全城市人才入乡激励机制,吸引人才、留住人才、用好人才,为乡村振兴和城乡融合发展提供动能。制定财政、金融、社会保障等激励政策,吸引各类人才入乡创业。充分发挥入乡人才的主观能动性,最大限度优化资源配置,为入乡创业提供融资和资源使用优惠政策,建立风险补偿机制;设立小微企业专项对口的银行业金融机构,缓解创业融资难问题;关注入乡创业人才住房、子女家属就业等实际困难,给予一定程度上的政策倾斜。建立城乡人才合作交流机制。推动城市人才适度编岗分离,积极推进城乡双向联体建设,推进城市教科文卫体等工作人员定期服务乡村;探索农村集体经济组织人才引进模式,支持运用双向兼职、技术入股等形式柔性引才用才;创新农村专业技术人才评价机制,探索职称评定、工资待遇等方面的双向认定机制,最大限度激活城市人才入乡建设的积极性。拓宽城市人才入乡渠道,形成入乡支持长效机制。合理利用农村的自然环境和现有资源,营造良好的营商环境,以新兴产业为依托吸引城市人才;建立农村人力资源补偿机制,鼓励城市离退休专业技术人才和农村籍离退休管理人才返乡支援;探索构建城市人才入乡分享红利渠道,建立农村集体经济有偿准入机制,吸引城市人才扎根乡村。

第三,健全城乡基本公共服务普惠共享机制。城乡基础设施一体化和城乡基本公共服务普惠共享,是劳动力等要素在城乡自由流动的重要纽带,也是促进城乡融合发展的重要基础。当前,城乡在道路、水电、信息等基础设施和公共教育、医疗卫生、社会保障等基本公共服务方面差距较为明显,制约了城乡人才双向流动。建立城乡基础设施一体化建设机制。统筹建设城乡一体的新型基础设施,规划设计中注重城乡衔接,尽可能将城市的水电暖及燃气供应向周边乡村延伸;构建多元化筹资机制,加大公共财政的投入力度,除了政府财政预算及时到位,积极吸引企业、金融机构等社会力量参与城乡基础设施建设;统筹城乡基础设施管理,严格控制排污,垃圾实施城乡一体无害化处理。健全城乡基本公共服务普惠共享机制。建立城乡教育资源均衡配置机制,优先发展农村教育事业,保障农业转移人口随迁子女的平等受教育权,实现教育公平;健全乡村医疗卫生服务体系,改善乡村基本医疗卫生条件,提高乡村医疗人员的工资待遇,建立城市医疗机构对口帮扶机制;健全城乡公共文化服务体系,统筹城乡公共文化资源,鼓励文化资源向乡村倾斜;完善统一城乡的社保制度,扩大社保覆盖面,建立统一的城乡居民基本医疗保障体系。

城乡融合发展的核心在于"融",通过建立城乡人才自由流动机制,实现"人、地、钱"等要素城乡融合流动,发挥新时代乡村的价值和功能,逐步缩小城乡发展差距和居民生活水平差距,不断提升农民收入,扩大农村市场消费需求,进而畅通国内市场需求大循环。

田间小路

巩固和完善农村基本经营制度，让农民吃上"定心丸"

土地生产关系是农村生产关系的基础和核心，实施乡村振兴战略，必须要巩固和完善农村基本经营制度，坚持农村土地集体所有，坚持家庭经营基础性地位，落实农村土地承包关系稳定并长久不变政策，衔接落实好第二轮土地承包到期后再延长30年的政策，让农民吃上长效"定心丸"。

改革开放初期，为解决亿万农民的温饱问题，我国实行家庭联产承包责任制。从1978年开始，我国农村已开展了两轮承包。第一轮承包期十五年，最早的1993年到期；1993年11月，中央发文明确第二轮土地承包期延长三十年；党的十九大报告明确指出，第二轮土地承包到期后再延长三十年。至此，土地承包关系从第一轮承包开始保持稳定长达七十五年，这无疑保证了土地承包关系长久不变的政策落地，给亿万农民吃上一颗"定心丸"。

农民是乡村振兴的主体，农村基本经营制度是乡村振兴的制度保障。承包地再延长三十年，通过承包地确权登记，保持承包关系"长久不变"，有利于保护农户土地承包权益，稳定农民深耕土地的心，更能增强农民生产创造的信心，进一步为乡村振兴增添活力和创造力。

新时期农业农村现代化的发展，新型农业经营主体是重要的有生力量。巩固和完善农村基本经营制度，能够激发新型农业经营主体参与土地流转的积极性。在"长久不变"的土地承包关系中，小规模分散经营逐步减少，土地向种植能手、种养大户集中，他们可以放心地加大投入、扩大生产规模，积极探索多种形式的适度规模经营，不断推进现代农业规模化、集约化发展，形成中国特色农业经营体系。

土地是农民的根，稳定的农村基本经营制度是能够盘活农村土地资源的基础保障。对于外出务工的农民来说，虽然远走他乡，脱离故土，但家里的一方田园仍然是他们的心里依托。保持土地承包关系"长久不变"，一方面解决了外出务工农民的后顾之忧，能让他们安心地在城市里奋斗，另一方面也吸引了大量有志于乡村振兴的创业青年、企业家等投身农村，明晰且稳定的土地承包关系，合理调节了外出务工农户与创业青年、企业家之间的利益关系，土地纠纷隐患进一步消除，将更加促进农村社会的和谐稳定。

齐鲁样板村

缩小城乡差距，在高质量发展中促进共同富裕

共同富裕不仅是道德问题，更是一个经济问题。社会的贫富差距如果过大，就会产生贫富的两极分化和阶层固化。随着贫富差距的增大，富裕人群的边际消费倾向就会递减，而大量的穷人又没有购买力，这时候，经济运行就会出现消费不足，投资过剩。另一方面，阶层的固化又会让富人的后代躺平，穷人的后代也躺平，因为富人的后代不用努力也有足够的财富，而穷人的后代无论怎么努力也无法改变身份地位。这时候，整个社会经济就会陷入低效率的均衡。共同富裕就是要跳出这种低效率均衡，中等收入群体为多数人的纺锤形收入分配结构。在这种状态下，生产、分配、流通和消费的内循环会更加顺畅，代际社会的流动渠道也会更加顺畅，经济运行将更加健康，更有活力，更有效率。

共同富裕是缩小差距，不是平均主义。很多人对共同富裕有错误的认知，认为共同富裕就是所有人都达到一样的水平。中国在过去的计划经济条件下，实行平均主义的分配原则，导致的结果是共同贫困。我们必须承认自然禀赋、个人努力和外在条件等因素会导致收入差别，同时也要认可由于行业的改革差异，会导致行业差距的存在。

共同富裕要以高质量发展为基础。当下的中国仍是最大的发展中国家，人均 GDP 与北欧发达国家和美国相比差距依然较大。实现共同富裕还要以高质量的发展为基础，把蛋糕做大，然后才是把蛋糕分好。如果不把蛋糕做大做好，只把蛋糕分来分去，最后只能导致共同贫穷。想要做大蛋糕可通过科技创新、制度创新和管理创新来实现。

缩小城乡收入差距是实现共同富裕的核心问题。经过四十多年的改革开放，中国取得了举世瞩目的成绩，但城乡差别问题突出。在中国政府的不懈努力下，党的十八大以后城乡收入差距得到了很大改善，特别是实现了 9899 万农村贫困人口全部脱贫的历史成就。但根据 2019 年的数据，按全国居民五等份收入分组，全国居民低收入组和中间偏下收入组的家庭户占 40%，而这 40% 的家庭户多数还是在农村，所以缩小城乡差距，任重而道远。要想解决城乡差距，就得知道导致城乡差距的原因到底是什么？那么，导致城乡差距的根本因素到底是什么呢？我认为，应该是城乡二元体制。就是说其根本因素是因为城乡之间的劳动力、土地、资金等基础要素在流动循环的制度安排上是脱钩和分裂了。所以说，缩小城乡差距的最基础工作应该是破解阻碍城乡要素资源自由流动的城乡二元体制。具体措施可通过深化农村"三块地"改革，增加农民财产性收入；深化户籍改革，加快推进农民工市民化；健全资本下乡机制，让资金要素逐步流向农村；加快农村产业发展，促进农民增收模式尽快由城市就业导向型向农村就业导向型转变。

参考文献

常亚轻、黄健元：《农村"养儿防老"模式何以陷入窘境?》，《理论月刊》2019年第3期。

陈柏峰：《村庄生活中的面子及其三层结构——赣南版石镇调查》，《广东社会科学》2009年第1期。

陈柏峰、郭俊霞：《也论"面子"——村庄生活的视角》，《华中科技大学学报》（社会科学版）2007年第1期。

程璆、郑逸芳：《婚外性行为态度中的越轨成本与性别差异研究》，《社会学评论》2017年第4期。

董磊明、郭俊霞：《乡土社会中的面子观与乡村治理》，《中国社会科学》2017年第8期。

格尔兹：《地方性知识》，王海龙、张家瑄译，中央编译出版社2000年版。

桂华、欧阳静：《论熟人社会面子——基于村庄性质的区域差异比较研究》，《中央民族大学学报》（哲学社会科学版）2012年第1期。

黄庆玲：《城郊失地农民就地城镇化状态及影响因素分析》，《山西农业大学学报》（社会科学版）2020 年第 6 期。

李华胤：《授权式协商：传统乡村矛盾纠纷的治理逻辑及当代价值——以鄂西余家桥村"说公"为例》，《民俗研究》2020 年第 1 期。

李永萍、杜鹏：《婚变：农村妇女婚姻主导权与家庭转型——关中 J 村离婚调查》，《中国青年研究》2016 年第 5 期。

刘爱玉、佟新：《性别观念现状及其影响因素——基于第三期全国妇女地位调查》，《中国社会科学》2014 年第 2 期。

刘泽霖等：《"村改居"社区失地农民市民化存在的问题及对策》，《乡村科技》2021 年第 4 期。

卢飞、徐依婷：《农村青年离婚"女性主导"现象及其形成机制——基于性别理论视角和四川 S 市 5 县（区）的考察》，《湖南农业大学学报》（社会科学版）2018 年第 2 期。

欧阳国辉、伍景：《传统村落的"面子"与"里子"——来自衡阳祁东县风石堰镇沙井老屋调研报告》，《湖南社会科学》2019 年第 3 期。

潘绥铭：《破碎的城市梦——她们怎样走上"性工作者"之路》，《同舟共进》2007 年第 8 期。

庞毅：《交错的历史：1950 年代的中国农村妇女——〈村庄视野中的阶级、性别与家庭结构〉》，《中国农业大学学报》（社会科学版）2017 年第 1 期。

彭小辉等：《劳动力流动与农村离婚率——基于劳动力双向流动视角》，《世界经济文汇》2018 年第 4 期。

尚会鹏、何祥武：《乡村社会离婚现象分析——以西村为例》，《青年研究》2000 年第 12 期。

王德福：《中国乡村社会的面子观及其地域分布特征》，《湖南农业大学学报》（社会科学版）2015年第2期。

王玥等：《城镇化异质路径下失地农户家庭发展能力评价与比较——基于湖北省402份农户问卷调查》，《农村经济》2020年第1期。

吴静：《新中国70年农村土地制度改革历程：困境与突破》，《决策咨询》2020年第1期。

新山：《婚嫁格局变动与乡村发展——以康村通婚圈为例》，《人口学刊》2000年第1期。

翟学伟：《人情、面子与权力的再生产——情理社会中的社会交换方式》，《社会学研究》2004年第5期。

张敏杰：《改革开放以来浙江农村女性的家庭地位变动》，《浙江学刊》1999年第3期。

张学博：《新中国70年视野下的农村土地制度新一轮改革与创新》，《党政研究》2019年第3期。

朱晓阳：《"语言混乱"与法律人类学的整体论进路》，《中国社会科学》2007年第2期。

Alba, R., and V. Nee, "Rethinking Assimilation Theory for a New Era of Immigration", *International Migration Review*, 31（4），1997.

后　　记

　　2018年冬末春初的一天，我来到久别的故乡，在惊叹它的变化的同时，也让我开始思索变迁中的乡土中国。也就是从那时起，我萌生了在山东新型城镇化研究所成立"乡村观察"调研基地的想法。"乡村观察"调研基地成立以后，自2018年暑期至今已连续举办4年大学生暑期返乡调研活动。在这4年的时间我本人也利用寒暑假和周末入村调研，企图和同学们一起通过冷静观察巨变中的乡村社会，来深入体悟"中国之治"。

　　奉献在读者面前的这部书，便是我这4年在山东农村调研的成果集结。很遗憾的是我并没有找到或者说总结出能够有效解释乡村社会的真正理论。这本书的内容基本是我扎根齐鲁大地调研过程中的所看、所听、所思和所虑。所以说，相较于"理论"著作而言，"她"更像是一部"纪实"著作，这也便更迎合了"她"的名字——《乡村观察》。既然是观察，就要真实地记录乡村的原本面貌，就如同用一台照相机把我看到的乡村拍摄成若干图片，引领读者有一种亲临其境的真实感觉。正如导言中所强调的我写《乡村观察》的真正目的，并不企图能够有效地解释乡村社会的真正理论，只期待能通过原貌展示巨变中的乡村社会，以便于能够仔细地思考农民想什么？农民要什么？乡村的问题是什么？乡村振兴的路径应该是什么！

《乡村观察》融合了多人的劳动与智慧，接受了多人的帮助与支持。本书的内容大多基于他们为我提供的素材，与其说"乡村观察"是我的个人著作，不如说我是"乡村观察"的执笔者。所以我想在此对所有给予我帮助和支持的老师、朋友、家人、同事和领导们一一表示感谢。

感谢我的老同学张玉军先生和鱼台县融媒体中心李世忠先生，他们为我提供了无私的帮助和支持。

感谢我的女儿张歆雨同学，她的独立和自我管理能力，让我可以卸下家庭责任，有充分的时间进行我的工作。值得一提的是，本书中的大多图片的修图工作都是她为我做的。其实，我开始调研时，她也才只有8岁而已。

感谢我的父亲辛广斌先生，他在我的研究过程中给予了很多指导，并不时给我纠偏。我写后记的今天，正恰逢父亲节，这本书也算是我送给他老人家的父亲节礼物吧。

感谢我的爱人、姐姐、姐夫还有其他家人们，他们为我分担了很多本应我尽的责任。母亲病重的时间都是他们在照顾，多亏了他们，母亲才没有承受更多的痛苦。

感谢山东省委组织部、济南市委组织部、济宁市委组织部、日照市委组织部、聊城市委组织部、荷泽市委组织部、滨州市委组织部、泰安市委组织部、五莲县委组织部、东平县委组织部、邹城市委组织部、阳新县委组织部的同志们，以及那些匿名协助我们田野调查的第

后　记

一书记们,他们在我的调研过程中提供了重要的帮助。虽然我并不知道他们所有人的名字,但是我希望他们能够知道,没有他们的帮助,我不可能那么顺利地去选择村庄和受访群众。

感谢冯庆禄书记、邹广德校长、邹坤萍校长以及山东管理学院的其他领导和同事们,他们在我的工作中给予了很多的鼓励和支持,让我的工作轻松而有序,从而有时间去调研和写作。

感谢那些给予我灵感的讨论和建议、鼓励、洞见的友谊,他们是范红丽、李善乐、徐一红、庞嘉萍、刘丰伟、潘冬霞、王友才和杨真。

感谢中国社会科学出版社王衡编辑,她是个睿智、专业、有效、和蔼且一丝不苟的人,她为本书的出版付出了辛勤的劳动,也为我提供了许多支持。

感谢那些敞开心扉的受访者,为我分享他们的快乐、痛苦和希望,可惜的是,因考虑个人隐私,我并不能一一实名感谢。

感谢"乡村观察"暑期返乡调研和乡村振兴学社的同学们,他们践行求实精神,躬耕田野,把论文写在祖国大地上。

感谢我的博导苗建军教授,他对我放养式的学术"纵容",让我得以在自己喜欢的领域潜心研究,没有他的鼓励和认可,我就不会顺应内心去做农村调研。

感谢复旦大学特聘教授王桂新老师、北京大学社会学系教授陆杰华老师和中国乡建院院长李昌平老师,他们是中国著名的学者,是社会发展的真正推动者,本书有幸得到他们的关注与推荐,给了我莫大的鼓励。

还要特别感谢我的老师耿成义先生,在调研与写作过程中所给予的巨大鼓励与支持,并在百忙中赐序。

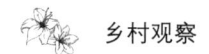

最后，我将本书献给我已经去世的母亲和所有帮助过我的"你们"。

所谓经过，皆为幸福。

愿祖国昌盛，国泰民安。

愿炊烟袅袅的村庄，都成为山水亮丽的世外桃源。

辛宝英

2022 年 6 月 19 日